SUSANNE NEUMANN

Emetophobie

WirmachenDruck.de
Sie sparen, wir drucken!

Email: info@edition-jt.de
www.edition-jt.de

JT Handels UG
Berumer Str. 44
26844 Jemgum

Inhalt

Vorwort

Ist das Erbrechen für Sie oder für jemanden aus Ihrem Umfeld zu einer Horrorvorstellung geworden? Dann sind Sie womöglich früher oder später über den Begriff Emetophobie gestolpert. So bezeichnet man in der Psychologie die krankhafte Angst vor dem Erbrechen, die rasch das gesamte Leben beeinflussen kann.
Die gute Nachricht: Emetophobie ist gut therapierbar und die Heilungschancen stehen sehr hoch. Tatsächlich haben Sie den ersten Schritt in ein angstfreies Leben bereits gemacht, indem Sie „Emetophobie – Bewältigungsstrategien und Überwindungstipps zur Selbsthilfe im Kampf gegen das Erbrechen" ausgesucht haben.

Hinweis: In diesem Buch finden Sie einen QR-Code, der Sie zu einer Audiodatei führt. Falls Sie keine Möglichkeit haben, den QR-Code zu scannen, können Sie die Datei auch über diesen Link finden: https://bit.ly/3BNClJa

Zum Umgang mit der Emetophobie

Dieses Werk befasst sich mit den akuten Auswirkungen, die Emetophobie auf Ihr Leben hat, und soll Grundlage zur gesunden Bewältigung und effektiven Selbsttherapie bieten.

Zunächst werden die grundlegendsten aller Fragen beantwortet: Was ist Emetophobie? Wodurch zeichnet Sie sich aus? Warum ist das Leben mit Ihr so eingeschränkt und wie kommt es, dass kaum jemand diese Angststörung zu kennen scheint? Auch die Hintergründe sollen Ihnen nähergebracht werden. Womöglich hegen Sie nach der Einleitung eine erste Vermutung, woher Ihre Angsterkrankung stammt und was sie ausgelöst hat.

Anschließend liegt die Aufmerksamkeit auf gesunden, alltäglichen Bewältigungsstrategien für Ihren Alltag. Wie können Sie Ihr emotionales Leiden mindern und was tun Sie bei direktem Kontakt mit Ihren Triggern? Es liegt ein besonderer Fokus auf gesundem Essverhalten und Strategien, mit denen Sie gesunde, soziale Kontakte aufbauen können, auch, wenn Sie sich von Ihrer Außenwelt abschotten. Das Kapitel schließt mit allgemeinen Tipps ab, die Sie beachten sollten, wenn Sie Ihre persönlichen Bewältigungsstrategien ausarbeiten.

Im dritten Teil des Buches werden Sie lernen, wie Ängste entstehen und funktionieren und wie man sie zügeln und bewältigen kann. Sie werden sich effektiv mit langfristigen Gegenmaßnahmen beschäftigen, die Sie von Ihrem Emetophobieleiden befreien oder Ihre Angstzustände mindern sollen.

Welche Wirkung haben Stress und soziale Abschottung auf Ihr Angstempfinden? Gibt es Tricks, die negativen Gedanken in positive Ansätze umzuformen? Wie organisiert man eine Expositionstherapie und wie führt man eine solche aus? Und welche Alltagsvorsätze sollte man sich auf dem Weg in ein angstfreies Leben machen? Sind Selbsthilfegruppen ein effektiver Schritt in ein angstfreies Leben und wenn ja, wie findet man das passende Angebot?

Abschließend folgt ein Freiteil, in dem Sie Ihren persönlichen Heilungsweg ausarbeiten und dokumentieren können. Im Workbook arbeiten Sie mit sieben Schritten gegen Ihre Angsterkrankung und wenden die gelernte Theorie auf Ihre persönliche Praxis an.

Hier sollen Sie sich aktiv mit persönlichen individuellen Lösungsansätzen auseinandersetzen und lernen, was Ihnen im Alltag hilft, Ihre Emetophobie zu bewältigen.

Dieser Ratgeber ersetzt keine Psychotherapie. Sprechen Sie im Zweifelsfall immer mit entsprechendem Fachpersonal.

Emetophobie verstehen

Damit Sie mit diesem Ratgeber möglichst gute Erfolge erzielen können, ist es wichtig, zu verstehen, wodurch sich das Krankheitsbild Emetophobie definiert. Welche Ursachen und Hintergründe können der Angst vor dem Erbrechen zugrunde liegen? Und wie wirkt sie sich auf Betroffene aus? Dieses Kapitel soll Ihnen alle Grundlagen bieten, die Sie benötigen, um sich in den Folgekapiteln differenziert mit der Thematik auseinandersetzen zu können.

Was ist Emetophobie?

Wenn Sie dieses Buch in den Händen halten, sind Ihnen diese Gefühle vermutlich nicht gänzlich unbekannt: die ständige innere Unruhe, die Ihnen übel werden lässt, Panik, Schwindel, schwitzige Hände ... Und verspüren Sie womöglich Angst davor, sich zu übergeben? All das sind Symptome der Emetophobie – der irrationalen Angst vor Erbrochenem und/oder dem Erbrechen.

Obwohl den meisten Menschen der Gedanke daran unangenehm ist, fühlen sich nur die wenigsten dadurch in ihrem Lebensalltag beeinträchtigt. Gerade einmal 0,1 % der weltweiten Bevölkerung leidet an jener Störung, die in der Fachsprache Emetophobie genannt wird.

Wussten Sie, dass Frauen und Mädchen dabei durchschnittlich deutlich öfter betroffen sind? Nur 16,8 % der erfassten Erkrankten sind männlich. Dabei liegt die Vermutung nahe, dass die Dunkelziffer enorm hoch ist: Denn gerade, weil Emetophobie so selten auftritt und sich die Symptome mit vielen prominenteren Krankheitsbildern überschneiden, ist anzunehmen, dass viele Patienten fehldiagnostiziert werden – beispielsweise mit Zwangs- oder Essstörungen. Dies liegt vor allem an den Vermeidungsstrategien, zu denen Menschen mit Zwangsstörungen neigen.

ⓘ

Das Wort Emetophobie leitet sich aus dem Altgriechischen ab:

ἐμέειν (eméein) → **Erbrechen**

\+

φόβος (phóbos) → **Furcht**

=

Furcht vor dem Erbrechen

Ursachen und Hintergründe

Sind Sie selbst betroffen oder kennen jemanden, der an einer Emetophobie leidet? Dann haben Sie sich vermutlich schon oft gefragt, wovon eine solche Extremreaktion auf das Erbrechen zeugt.

Die Ursprünge einer jeden Angststörung sind immer individuell. Grundsätzlich sind ängstlichere Menschen aber eher gefährdet, zu erkranken – denn bei ihnen besteht das erhöhte Risiko, negative Erfahrungen langjährig in ihre Ängste und Handlungen aufzunehmen. Handlungs- und Denkmuster, die eher schaden als helfen, können dann zum alltäglichen Begleiter werden.

Doch nicht jeder, der zu ängstlichem Verhalten neigt, ist zwangsläufig für die Emetophobie anfällig. Bei der Vulnerabilität (→ Anfälligkeit) für diese Angsterkrankung spielt zusätzlich das eigene Ekelempfinden eine große Rolle. Wenn Sie schon immer eine außerordentliche Abneigung gegenüber Erbrechen oder Erbrochenem hegten, besteht eine höhere Chance, dass diese Abneigung später eher krankhafte Züge annehmen könnte als bei Personen, die der Erfahrung neutraler gegenüberstehen. Lassen Sie hierbei allerdings nicht außer Acht, dass sich Abneigungen und negative Erfahrungen zu jeder Lebenszeit entwickeln können.

Konnten Sie beispielsweise bei sich selbst oder in Ihrem Umfeld ein Trauma oder ein ausschlaggebendes Ereignis feststellen? Litten Sie womöglich in der Vergangenheit an einer Krankheit und haben in diesem Zusammenhang Ihre Phobie entwickelt? Die Gefühle, die wir mit einem Ort oder einem Geschehen in Verbindung bringen, basieren auf Erfahrungen. Dabei muss es sich nicht immer um objektiv lebensbedrohliche oder euphorische Zustände handeln. Gegebenenfalls reicht die Übelkeit nach einer unverträglichen Mahlzeit aus, um der Emetophobie den Weg zu ebnen.

Außerdem müssen wir in Betracht ziehen, dass sich Angst negativ auf unsere Wahrnehmung auswirkt: Haben Sie Angst vor einem gewissen Umstand, nehmen Sie diesen deutlich bedrohlicher wahr, als er von außen betrachtet tatsächlich erscheint. Wenn jemand andeutet, ihm sei flau, wird die geringe Wahrscheinlichkeit, dass er sich übergibt, für Sie enorm.

Wichtig:
Eine Angststörung tritt in den wenigsten Fällen plötzlich auf. Oft handelt es sich um einen langjährigen Prozess, bei dem die Angst und die Vermeidungsstrategien vor dem Angstauslöser erst nach und nach krankhafte Züge annehmen. Deswegen ist es falsch, einen Angstpatienten nach denselben Kriterien zu bewerten, die noch vor einem Jahr oder gar einem Monat zutreffend waren. Eine Phobie schaukelt sich in den meisten Fällen immer weiter auf, bis sie den Betroffenen förmlich kontrolliert und im Alltag stark einschränkt.

Unsere Angst vor der Angst schärft unseren Sinn für die Möglichkeit, dass etwas geschieht, was wir vermeiden wollen. Das stärkt wiederum den Kern unserer Befürchtungen.

Der Teufelskreis der Angst setzt ein, indem bereits erste Befürchtungen dafür sorgen, dass Sie sich unwohl fühlen. Dieses Unwohlsein schürt schließlich größere Panik und Sie enden in einem kognitiven – psychischen – Kreislauf, der sich stetig wiederholt und aufschaukelt.

Es gibt also einen körperlichen Auslöser, der Ihre Wahrnehmung beeinflusst. Ob es plötzliche Übelkeit oder aktive Nahrungsaufnahme ist, Sorge überkommt Sie – womöglich panische Angst vor Ihrer Körperreaktion, die negative, schier katastrophale Gedanken schürt. Diese Ängste beeinflussen wiederum den Körper, der mit heftigeren Reaktionen kontert.

Mit Blick auf unser Beispiel könnte dieser Aufschaukelungsprozess in etwa so aussehen:

Ihre schwangere Freundin beklagt sich über ein flaues Gefühl im Magen. Ihr ist schlecht, womöglich wird sie sich bald erbrechen.

Bei dieser Aussicht zieht sich in Ihrem Inneren alles zusammen, aber die Situation verlassen können Sie nicht. Ihre eigene Übelkeit bereitet Ihnen zunehmend größere Sorgen und Sie vermuten, sich ebenfalls bald übergeben zu müssen. Dieser Gedanke beängstigt sie mindestens genauso sehr wie die Aussage Ihrer Freundin. Ihr Körper versteift, reagiert mit größerem Unwohlsein ...

Angsterkrankungen verlaufen also nicht wie ein herkömmliches, physisches Leiden.

Es gibt keine Krankheitsphase als solche, sondern sogenannte Trigger, die zu den Symptomatiken führen und erst entstehen müssen. Bei besonders stark ausgeprägter Angst kann zum Beispiel der bloße Gedanke an Erbrochenes zu starken Körperreaktionen führen. Doch nicht nur Gedanken können triggern: Jeder angstauslösende Reiz kann zu einer potentiellen Belastung werden.

In vielen Fällen führt diese Angst zu ungesunden Vermeidungsstrategien. Wir wollen fliehen, um dem negativen Umfeld nicht länger ausgesetzt zu sein, und schränken uns in unserem Leben ein, indem wir die Außenwelt meiden oder gereizt auf potentielle Gefahrensituationen reagieren. Indem wir uns von all den Dingen distanzieren, die Angst in uns auslösen könnten, versuchen wir, oft unbewusst, ein sorgenfreies Leben zu führen. Doch gerade das festigt die negativen Erwartungen, die wir pflegen, da Vermeiden auch bedeutet, keine neuen, positiveren Erfahrungen sammeln zu können, um unseren Ängsten etwas entgegenzusetzen.

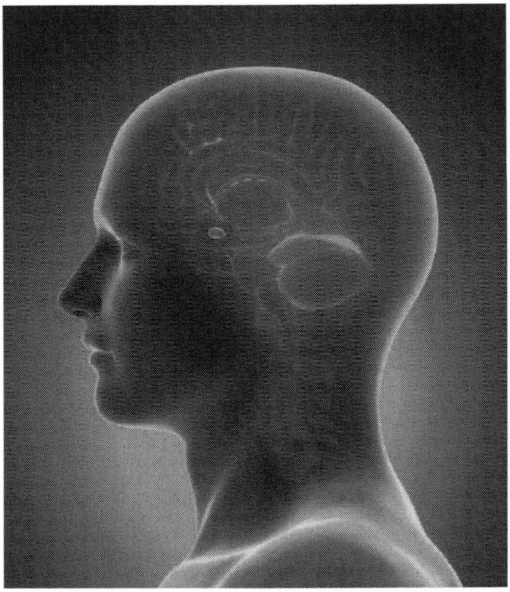

Unter anderem sind es solche Verhaltensweisen, die schließlich in einer Angststörung münden. Es handelt sich um eine übermäßige Reaktion der körpereigenen Schutzmechanismen, die eigentlich vor rationalen Gefahren schützen sollen.

> Wussten Sie, dass das Zentrum der Angst in der AMYGDALA liegt? Dabei handelt es sich um eine Struktur im limbischen System inmitten unseres Gehirns.
>
> Bereits kleinste Verletzungen und Veränderungen können unser Angstempfinden stark beeinflussen. Sie können neue Ängste entstehen und alte abklingen lassen. Haben Sie in der Vergangenheit eventuell ein Schädel-Hirn-Trauma erlitten, nach welchem Ihre Ängste erstmalig aufgetreten sind?

Symptome und Auswirkungen

Die Symptomatiken der Emetophobie sind so vielseitig, wie sie die Lebensqualität beeinträchtigen können.

Grundsätzlich lässt man sich als Betroffener in eine der folgenden drei Gruppen einordnen:

- diejenigen mit der Angst vor dem eigenen Erbrechen/Erbrochenen
- diejenigen mit der Angst vor dem Erbrechen/Erbrochenen anderer
- diejenigen mit der Angst vor dem Erbrechen/Erbrochenen beider

Das Wissen darüber, was genau Sie beängstigt, ist vor allem für den Heilungsprozess relevant. Erkennen Sie sich in einer dieser Obergruppen wieder? Je nachdem, wie sich Ihre Emetophobie äußert, wird sie Ihre Lebensqualität in anderen Bereichen beeinträchtigen.

Laut einer klinischen Studie aus dem Jahre 2018, litten 47,3 % der Befragten unter der Vorstellung ihres eigenen Erbrechens und 35,5 % fühlten sich durch eigenes und fremdes Erbrechen geängstigt. Nur 12,7 % der Teilnehmer erlebten bei dem alleinigen Anblick Dritter Angstzustände (Keyes A, Gilpin HR, Veale D: Phenomenology, epideiology, co-morbidity and treatment of a speific phobia of vomitting: A systematic review of an understudied disorder. Clinical Psychology Review 2018; 60: 15-31.).

Trotzdem ist es wichtig, sich mit den gesamten Symptomen und Auswirkungen des Krankheitsbildes auseinanderzusetzen – denn nur, wenn Sie Ihre Phobie kennen, können Sie einen nachhaltigen Ausweg aus Ihrer Angst finden.

Wie Sie nun wissen, ist Emetophobie die Angst vor dem Erbrechen in einem Ausmaß, in dem sie das Leben stark beeinträchtigt und die Lebensqualität senkt. Bemerken auch Sie Abnormalitäten (wie z. B. übermäßige Anwendung von Vermeidungsstrategien) in Ihrem Lebensalltag? Erbrechen und Erbrochenes können uns überall begegnen. Instinktiv und situativ passen wir uns folglich unseren Ängsten an. So wie wir nicht in ein offenes Feuer laufen, um uns zu verbrennen, sind wir dazu bereit, im Rahmen der Angststörung verschiedene Prozesse einzuleiten, die uns vor der gefürchteten Situation schützen sollen.

Am naheliegendsten ist es hier, unverträgliche oder sonderbare Lebensmittel auszusparen und konsequent auf das Mindesthaltbarkeitsdatum zu schauen. Allerdings bleibt es im Falle einer Emetophobie selten bei solch offensichtlichen Strategien. Haben Sie sich in der Vergangenheit womöglich schon einmal selbst dabei beobachtet, Speisen zu meiden, die bei Ihren Freunden oder in der Familie zu Übelkeit oder Erbrechen geführt haben? Sind Sie Restaurantbesuchen gegenüber skeptisch eingestellt? Wie sieht es mit unangenehmen Gerüchen aus? Ob zuhause oder auf der Straße, bei Freunden oder der Familie – überall lauern potenzielle Trigger der Angststörung oder unserer Übelkeit.

Nicht selten verlieren Betroffene deswegen vor allem in akuten Krankheitsphasen übermäßig viel Gewicht oder erwecken den Eindruck, an einer Form der ANOREXIE zu leiden.

Eine andere vermeintliche Gefahrenquelle bezieht sich auf den Aspekt der Gesund- und Krankheit. Grippeerkrankungen sind beispielsweise dafür bekannt, den Betroffenen „auf den Magen zu schlagen" – doch während eine gewisse Präventionshaltung keineswegs schädlich, sondern vor allem zur Erkältungszeit sogar angemessen sein kann, besteht die Möglichkeit, dass Sie dennoch besondere Maßnahmen ergreifen, die Sie im Alltag stark einschränken können.

Die meisten Krankheiten verbinden wir mit Viren und Bakterien, mit Ansteckungsgefahr und mit Allgegenwärtigkeit. Und obwohl die meisten Menschen in Ihrem Umfeld gesund scheinen, ertappen Sie sich eventuell gelegentlich dabei, Was-wäre-wenn-Szenarien in Ihrem Kopf durchzuspielen. Rasch führt dies zu übermäßigem Händewaschen, zu Distanziertheit und zu Kontaktabbrüchen. Wie stehen Sie dazu, Ihre Lieben und Bekannten zu treffen und mit Ihnen auf engstem Raum zu sein?

„Ich glaube, ich werde krank." – In Menschen, die unter Emetophobie leiden, löst dieser Satz eventuell Angstzustände aus, die eigentlich nicht viel bis gar nichts mit der befürchteten Krankheit zu tun haben.

ⓘ

Auf den ersten Blick würden viele die von Emetophobie betroffene Person als Hypochonder bezeichnen. Manch einer hat eine so große Angst vor dem Krankwerden, dass er alle Kontakte kappt und womöglich sogar nach dem Krankwerden das Krankenhaus meidet, um nicht noch kränker zu werden. Dabei müssen Sie hier klar differenzieren:

Bei der HYPOCHONDRIE handelt es sich speziell um die Angst vor der Krankheit an sich. An Emetophobie Leidende fürchten nicht das Leiden einer Grippe oder eines Magen-Darm-Infekts, sondern nur die mögliche Konsequenz, mit Erbrochenem in Berührung kommen zu müssen oder sich übergeben zu müssen.

Gerade das ist ein Grund, weshalb in manchen Fällen ganze Personengruppen gemieden werden. Besonders schwangere Frauen und Kinder werden zu potenziellen Triggern. Eventuell gibt es in Ihrem Umfeld auch jemanden, der an chronischen Magenproblemen leidet oder übermäßig viel Alkohol konsumiert. Folglich könnten für die von Emetophobie betroffene Person alkoholische Getränke und der nächtliche Partygang schnell zu einer schier unüberwindbaren Herausforderung und Qual werden.

Mit ihrer Allgegenwärtigkeit wirkt sich die Angst vor dem Erbrechen auch psychosomatisch (das heißt durch den Geisteszustand bedingt körperlich) aus: Angst bereitet ein flaues Gefühl im Magen und ein flaues Gefühl führt nicht selten zur Übelkeit. Wenn sich bei der Angst vor der Übelkeit Dritter alles zusammenzieht, ist es bei vielen Betroffenen die Angst vor dem eigenen Erbrechen, die sich meldet. Besonders in solchen Fällen empfinden es viele als stressvoll, wenn kein Badezimmer oder keine Rückzugsmöglichkeit in der Nähe ist.

Doch nicht nur die sich aufschaukelnde Stressreaktion belastet: Angst lässt sich am ganzen Körper ablesen. Herzrasen und ein hoher Puls, die zu Schwindel und Atembeschwerden führen können, zittrige Hände, Schweißausbrüche – das beklemmende Gefühl im ganzen Körper kann förmlich schmerzen. Hat sich Ihre Welt womöglich schon einmal so schnell gedreht, dass Sie glaubten, das Bewusstsein zu verlieren? Oder waren Sie plötzlich wie weggetreten und völlig apathisch im Angesicht Ihrer Angst? Haben Sie eventuell bereits mit dem Gefühl zu tun gehabt, in einem niemals endenden Kreislauf festzustecken und dabei gar zu ersticken?

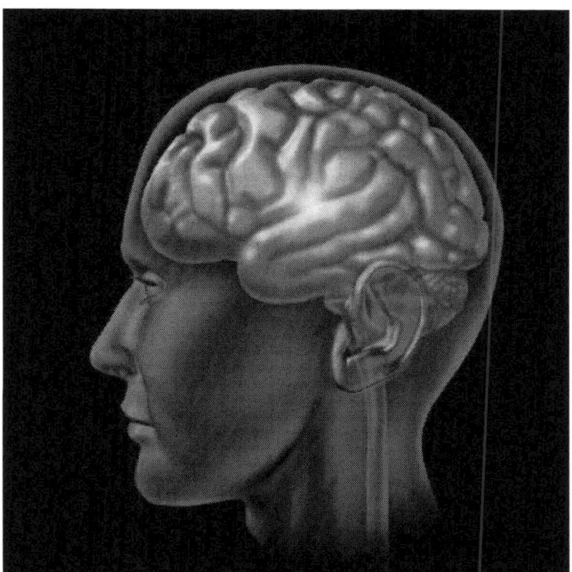

Die Auswirkungen der Emetophobie bewältigen

Nachdem Sie sich im ersten Kapitel mit der Emetophobie als Krankheitsbild auseinandergesetzt haben, soll es in Kapitel 2 um Bewältigungsstrategien für die emotionalen, alltäglichen und sozialen Herausforderungen mit der Angststörung gehen. Wie können Sie sich kurz- und mittelfristig behelfen? Denn im Akutfall denken wir nur selten in schematischen Mustern. Selbst, wenn Sie sich zuhause hinsetzen und intensiv Bewältigungsabläufe einprägen, werden Sie, vor allem zu Anfang, nur selten in der Lage sein, im Ernstfall nach dem erlernten Schrittsystem zu handeln. Deswegen ist es zu Beginn einfacher, leichte Bewältigungsmuster zu erlernen, die sich individuell anwenden lassen.

Anmerkung:
Diese Tipps beziehen sich auf akute Angstsituationen und ersetzen keine langfristige Therapie, die für die nachhaltige bzw. langzeitige Behandlung der Emetophobie erforderlich ist. Sie sollen lediglich in Notsituationen Abhilfe schaffen und eignen sich vor allem für Personen, die noch am Anfang ihres Therapieprozesses stehen.

Emotionale Herausforderungen

Die Angst vor dem Erbrechen ist eine emotionale Herausforderung. Im letzten Kapitel haben Sie sich intensiv mit den Auswirkungen der Emetophobie auf Ihr emotionales Wohlergehen auseinandergesetzt. Doch wie können Sie sich behelfen, wenn sich plötzlich jeder Gedanke nur noch um Ihre Angst dreht? Inmitten einer akuten Angstreaktion ist es mitunter schwierig, gelernte Strategien schrittweise durchzugehen.

Emetophobie als Angsterkrankung ist vor allem deswegen für die Betroffenen stressig, weil sie ihren Ängsten nicht aus dem Weg gehen können. Vor allem, wenn sie durch Erbrechen oder Erbrochenes jeglicher Art getriggert werden, stehen sie potenziell unter ständiger Sorge. Der Was-wäre-wenn-Gedanke lässt sich auf jede Lebenssituation übertragen und ist folglich mit extrem hoher emotionaler Belastung verbunden. Wie also kann man sich in einer konstanten Abwehrreaktion behelfen, um zur Ruhe zu kommen?

Zunächst können Sie sich beruhigen: Eine Panikattacke gelangt immer an ein Ende. Dabei ist es egal, ob Sie in einer Akutsituation in der Lage sind, beruhigende Maßnahmen zu ergreifen oder nicht, denn unser Körper ist nicht darauf ausgelegt, sich in dauerhaften Angstzuständen zu bewegen. Meistens bauen sich die Stresshormone innerhalb einer halben Stunde von selbst ab – doch für Betroffene fühlt sich diese halbe Stunde oftmals an wie eine Ewigkeit.

Welche einfachen Maßnahmen können Sie also in einer Akutsituation aufgreifen, um innere Entspannung zu erlangen?

Werden Sie sich Ihrer akuten Angstsituation bewusst.

Wenn Sie übermäßige Angst empfinden, werden Sie sich ihrer bewusst und versuchen Sie nicht, sie zu verdrängen. Verdrängung wird Sie in einer Stresssituation nur noch mehr stressen. Achten Sie stattdessen auf Ihre Atmung und probieren Sie, Ruhe zu bewahren. Suchen Sie sich eine Sitzgelegenheit oder bleiben Sie sitzen.

In diesem Fall sorgt Gewalt gegen einen körperlichen Drang nur zu mehr Gegengewalt – konzentrieren Sie sich jedoch übermäßig viel auf Ihr emotionales Unbehagen, könnte dieses umso größere Ausmaße annehmen, weil Sie ihm indirekt mehr Raum geben.

„Du darfst keine Angst haben" ist mindestens genauso kontraproduktiv wie „Ich halte das nicht aus".

Versuchen Sie, Ihrer Angst neutral zu begegnen, und erinnern Sie sich: Keine Panikattacke ist für immer. Ihr Körper reguliert sich selbst. Sie befinden sich in keiner objektiv gefährlichen Situation. Auch, wenn der emotionale Stress kaum aushaltbar wirkt, behalten Sie im Gedächtnis, dass Ihr Körper Ihnen nicht mehr zumutet, als Sie ertragen können. Mit etwas Übung können Sie so Ihre eigene Angst mit den passenden Stoppgedanken unterbrechen.

Lenken Sie sich ab.

Dieser Schritt klingt einfach und banal, kann aber zu großen Erfolgen führen. Dabei klingt Ablenkung in einer Extremsituation deutlich einfacher, als sie es ist. Gerade, wenn Sie wissen, was Sie in diesem Moment triggert: Versuchen Sie, sich davon loszulösen. Schauen Sie einen unangenehmen Bericht im Fernsehen oder thematisiert die Tageszeitung Ereignisse, die Ihnen auf den Magen schlagen? Schalten Sie bewusst weg. Vielleicht drehen Sie stattdessen Ihre Lieblingsmusik auf oder rufen einen Freund an. Schreiben Sie eventuell eine Einkaufsliste oder nehmen Sie eine erfrischende Dusche. Versuchen Sie, Ihre Gedanken möglichst weit weg von dem Ereignis zu lenken, welches Ihnen Angstzustände bereitet, und achten Sie darauf, den Trigger aus Ihrem direkten Umfeld zu entfernen.

Auch in der Öffentlichkeit ist Ablenkung möglich! Lesen Sie zum Beispiel Werbeplakate, wenn Ihnen jemand begegnet, der offensichtlich an einer Grippe leidet, oder bitten Sie ihn um Abstand. Vielleicht stecken Sie sich auch Ihre Kopfhörer ein oder schauen Filme auf Ihrem Mobiltelefon, wenn sich jemand in Ihrem Umfeld unangenehm verhält, kränkelt oder den Eindruck vermittelt, mit Übelkeit zu kämpfen. Nehmen Sie ein Buch mit und versuchen Sie, zu innerer Ruhe zu gelangen und die unangenehme Situation auszublenden.

Bewegen Sie sich.

Bewegung entspannt. Insofern Sie sich in der Lage dazu fühlen, wagen Sie einen Schritt nach draußen oder gehen Sie in den Garten. Sollte dies nicht möglich sein, helfen auch ein paar Schritte in der Wohnung oder im Haus. Sport und Bewegung sorgen für Glückshormone und senken Stress. Außerdem kann Sport ablenkend wirken.

Spielen Sie mit Ihren Vierbeinern.

Wenn Sie einen Hund haben, spielen Sie mit ihm. Studien belegen, dass der Kontakt zu geliebten Haustieren das Stresslevel erheblich senkt und zu einer erhöhten Oxytocin-Ausschüttung führt. So heißt das Hormon, welches unter anderem unser Gefühl für Geborgenheit steuert. Die positiven Nebeneffekte? Womöglich lenken sich Ihre Gedanken wie von selbst von Ihrer Akutreaktion weg. Die Bewegung entspannt auch Körper und Seele.

Stellen Sie sich auf Ihre emotionalen Ausnahmezustände ein und gestalten Sie Ihren Alltag lang- und mittelfristig.

Setzen Sie auf eine sichere Routine und achten Sie auf einen gesunden Schlaf, um Angst- und Panikattacken vorzubeugen. Vermeiden Sie weiteren Stress und achten Sie auf sich selbst, um möglichst entspannt in eventuelle Stresssituationen zu gelangen. Reizen Sie Ihre Psyche nicht zusätzlich aus. Wenn Sie beispielsweise zwischen zwei Zügen entscheiden müssen, wählen Sie den

„leereren“, der zwar einen kleinen Umweg fährt, Sie dafür aber mit weniger Triggern für Ihre Emetophobie konfrontiert. Oder greifen Sie gleich zum Auto, in dem Sie die größtmögliche Kontrolle über Ihre Situation behalten. Bei vielen Ängsten hilft es ungemein, die Kontrolle zu behalten. Sollte Sie Ihnen doch einmal entgleiten, versuchen Sie, sich auf sich selbst und Ihre Atmung zu konzentrieren. Wenn Sie sich überwältigt fühlen, dann bleiben Sie sitzen und gönnen sich einen Moment der Ruhe, um Ihr Stressniveau absacken zu lassen.

Vertrauen Sie auf beruhigende (Haus-) Mittel.

Einigen Hausmitteln und Pflanzen wird eine beruhigende Wirkung nachgesagt. Pflanzen wie Lavendel, Melisse oder Kamille beruhigen die Seele in Form von Ölen oder Tees und sind frei erhältlich. Im Internet und mit ärztlicher Beratung findet sich zudem eine Vielzahl pflanzlicher und schulmedizinischer Beruhigungsmittel.

Achtung! Hier ist Vorsicht geboten:
Sollten Sie aufgrund Ihrer Emetophobie empfindlich gegenüber speziellen Gerüchen oder Lebensmitteln sein, kann das Einnehmen dieser Präparate zu gegenteiligen Effekten führen! Außerdem sollten Sie sich immer intensiv mit den Wechselwirkungen anderer Medikamente und den genauen Einnahmemengen und -möglichkeiten Ihres gewählten Mittels auseinandersetzen! Gegebenenfalls konsultieren Sie vorausschauend einen Arzt und besprechen die genauen Einnahmeregelungen mit diesem.

Alltagsbeschränkungen

Emetophobie hat enorme Auswirkungen auf den Alltag des Betroffenen. Nicht umsonst gibt es Fehldiagnosen, die zu vollkommen anderen Krankheitsbildern führen. Manch ein Betroffener wurde in der Vergangenheit mit Hypochondrie (zwanghafte Angst vor Erkrankungen), einer Form der Anorexie (Magersucht), Myso- oder Germophobie (die Angst vor Schmutz bzw. vor Keimen) oder einer Zwangsstörung diagnostiziert. Vielleicht haben Sie sich in der Vergangenheit auch schon einmal gefragt: Leide ich wirklich an Emetophobie? Vor allem bei der Fülle an Informationen, die man heutzutage im Internet recherchieren kann, fühlt man sich oft erschlagen, denn durch Ihre Krankheit wird der Alltag von allen Seiten so stark eingeschränkt, dass man sich in unzähligen Internetdiagnosen wiederfindet.

Im Folgenden sollen Sie lernen, sich in Ihrem persönlichen komplexen Alltag besser zurechtzufinden und an Lebensqualität zurückzugewinnen. Gibt es einfache Schritte, an die man sich halten kann, um die unüberwindbaren, alltäglichen Hindernisse überwindbarer zu gestalten? Das Ziel dieses Unterkapitels ist es, Ihnen trotz Krankheit eine gewisse Lebensnormalität und -qualität zurückzubringen.

Wie gehen Sie mit den Lebensmitteln in Ihrem Kühlschrank um?

Mit der Angst vor Übelkeit und Erbrechen geht auch die Angst vor unverträglichen und verdorbenen Lebensmitteln einher. Stellen Sie sich gelegentlich die Frage: Ist das noch essbar? Spätestens dann schaltet sich womöglich Ihre Emetophobie ein. Die offene Wurstpackung wird zum Risiko und Sie stehen vor der Entscheidung: Probieren oder wegwerfen?

Viele Betroffene entscheiden sich dann dafür, auf die Mahlzeit zu verzichten. Vor allem bei Lebensmitteln ohne Mindesthaltbarkeitsdatum stehen sie vor einer Herausforderung. Auf das eigene Bauchgefühl zu hören, ist eine Qual – vor allem dann, wenn die Emetophobie einem einredet, dass man ihm nicht vertrauen kann.

Das ständige Wegwerfen von Nahrung schadet auch Ihrem Geldbeutel. Noch dazu kostet Einkaufen Zeit und Nerven, wodurch Ihre Sorge um Unverträglichkeit in einer Konfrontation mit anderen Triggern endet.

Der falsche Umgang mit Lebensmitteln kann also zu einem Kreislauf werden, der Ihr allgemeines Unwohlsein verstärkt. Ob es nun die offene Wurstpackung ist oder eine Orange, die schon seit längerer Zeit in Ihrer Obstschale liegt – Ihr Essverhalten ist stark von Ihrer persönlichen Einschätzung des Zustands der Lebensmittel abhängig. Auch können Schuldgefühle möglicherweise durch das Wegwerfen von Lebensmitteln entstehen, wenn Betroffene sich dem Geldverlust durch das Entsorgen der Nahrung bewusst werden. Negative Gefühle und Gedankenspiralen werden somit noch mehr verstärkt.

Was können Sie tun?

- **Das richtige Kaufverhalten**

Bevor Sie sich mit den Tipps und Tricks für den Umgang mit Ihren Lebensmitteln auseinandersetzen, sollten Sie sich die folgende Frage stellen: Was kaufe ich ein?

Wer unter Emetophobie leidet, ist anfällig für die Frage nach der Qualität seiner Lebensmittel. Wenn Sie sich darin wiedererkennen, hinterfragen Sie im ersten Schritt, woran Sie ein gutes Lebensmittel ausmachen. Ist es ...

- ... das Haltbarkeitsdatum?
- ... die äußere Erscheinung?
- ... der Frischegrad?

Was genau triggert Ihre Unsicherheit bezüglich des Essens? Und mit welchen Strategien können Sie einkaufen und wissen, dass Sie das entsprechende Lebensmittel nicht krank macht?

Wenn Ihre Angstgefühle und Ihre Unsicherheiten vor allem bei Lebensmitteln auftreten, die schon länger bei sich zuhause gelagert werden, planen Sie regelmäßige Besuche im Supermarkt ein. Vor allem Frischware wie Obst und Gemüse, aber gegebenenfalls auch Fleisch und Käse lassen sich beim Einkauf gut portionieren. Kaufen Sie Ihren Aufschnitt in kleinen Mengen an der Fleisch- und Käsetheke und suchen Sie sich Ihr Obst einzeln aus und nicht beispielsweise in Apfelsäcken.

Statt Großeinkäufe planen Sie lieber kleinere Bedarfseinkäufe ein und meiden die Stoßzeiten. Wenn sie sich doch nicht vermeiden lassen, schreiben Sie sich eine Einkaufsliste. Der Vorteil daran: Sie sind abgelenkt und können den Supermarkt schnellstmöglich wieder verlassen.

Tipp:
Verderbliche Neu- und Frischwaren werden in deutschen Lebensmittelgeschäften grundsätzlich unten einsortiert. Vor allem bei Obst und Gemüse, aber auch bei abgepacktem Fleisch können Sie die frischste Ware von unten bzw. aus den unten einsortieren Kisten ziehen. Viele dieser Produkte werden außerdem täglich aufgefüllt, sodass Sie definitiv das Frischste einkaufen, was dem Laden zur Verfügung steht.

- **Einfrieren und Auftauen**

Gehören Sie zu den Menschen, die den Eisschrank regelmäßig ausräumen, aus Sorge, sich mit verdorbenen Lebensmitteln konfrontieren zu müssen? Leiden Sie womöglich unter unguten Befürchtungen, wenn Sie aufgetaute Lebensmittel verarbeiten oder essen?

Oft passiert es, dass falsch eingefrorenes Essen nach dem Auftauen suspekt aussieht und ungenießbar ist. Wenn gesunde Menschen lediglich das Gesicht über matschigen und zähen Gnocchi zum Abendessen verziehen, müssen Sie als Emetophobie-Leidender womöglich die Notbremse ziehen und das Abendessen wegwerfen. Doch auch beim Einfrieren und Auftauen von Lebensmitteln gibt es Tipps, die Ihren Essalltag erleichtern:

Achten Sie auf die sogenannte Kühlkette. Diese bezeichnet den Verlauf, bei dem das Lebensmittel von einer Kühlung in die nächste transportiert wird. Die Kühlkette ist dann unterbrochen, wenn das Produkt Hitze bekommt. Besonders bei Tiefkühlkost sollten Sie unbedingt darauf achten, dass die Ware auf dem Weg in Ihr Eisfach gefroren bleibt, denn Keime und Bakterien finden auf Gefrorenem keine Möglichkeit, sich einzunisten. So frieren Sie keine ungewollten Mikroorganismen ein und versetzen Sie versehentlich in einen Ruhezustand – sprich: Auch nach dem Auftauen können Sie so gefahrenlos Ihr Produkt genießen. Um keim- und bakterienfrei einzufrieren, wird außerdem empfohlen, Lebensmittel vor dem Weg ins Eisfach abzuwaschen.

Sollten Sie die Reste des letzten Mittagessens einfrieren wollen, ist zudem anzuraten, dass Sie sich an Gefrierbeuteln oder Plastikdosen orientieren. Achten Sie darauf, die Lebensmittel luftdicht zu verpacken, und bedenken Sie beim Einfrieren von Flüssigkeiten, dass sich diese ausdehnen, wenn sie vereisen. Vor allem, wenn Sie in Einmachgläsern einfrieren, sollten Sie deswegen darauf achten, das Gefäß nie ganz zu füllen – andernfalls könnte das Glas platzen und Ihr Eisfach kontaminieren.

Beim Auftauen gilt dasselbe wie beim Einfrieren: Halten Sie die Kühlkette im Auge. Nicht umsonst sagt man im Volksmund, dass man Aufgetautes nicht wieder einfrieren soll. Das gilt zwar nur bedingt für Ihr gefrorenes Obst und Gemüse, doch jeder Auftau-Einfrier-Prozess bietet Angriffsfläche für Keime.

Dieses Wissen erscheint auf den ersten Blick erschreckend. Besteht beim Verzehr von Tiefkühlkost also immer die potentielle Gefahr eines Magen-Darm-Infekts?

Nein. Seien Sie sich bewusst, dass Supermarktmitarbeiter sehr streng nach der ununterbrochenen Kühlkette arbeiten müssen und im Fall der Fälle großzügig Lebensmittel auszusortieren haben. Selbst wenn eine Palette mit Tiefkühlware antauen sollte, wird bei den Lebensmitteln die sogenannte Kerntemperatur gemessen, um Keimbefall auszuschließen. Dafür steht den Mitarbeitern ein spezielles Messgerät zur Verfügung und es werden besondere Schulungen durchlaufen. Nehmen Sie beim Einkaufen am besten eine Kühltasche mit, die Ihre Lebensmittel vor Wärme schützt und die Kühlkette aufrechterhält. Zuhause oder nach dem Kochen können Sie portionsweise einfrieren, um die Risiken einer bakteriellen Infektion zu minimieren.

Auf diese Weise können Sie Ihr Fleisch, Obst und Gemüse für längere Zeit genießen. Aufpassen sollten Sie bei Produkten wie Fisch oder Käse, die grundsätzlich nicht lange haltbar sind. Einfrieren verlangsamt den Alterungsprozess Ihrer Lebensmittel nämlich nur, lässt Ihn aber nicht völlig stagnieren. Behelfen Sie sich hierbei mit Aufklebern, die Sie mit Einfrierdaten versehen. So können Sie immer nach Ihrem Ermessen entscheiden, inwiefern Sie das Lebensmittel noch als verzehrfähig erachten. Im Zweifelsfall gehen Sie nach dem GERUCHS- UND GESCHMACKSTEST vor, für den nachfolgend ebenfalls einige Tricks und Kniffe auf Sie warten.

- **Langlebige Lebensmittel kaufen**

Eine präventive Maßnahme ist es, auf langlebige und haltbare Lebensmittel zurückzugreifen. Kaufen Sie beispielsweise Nudeln und Linsen und haben Sie immer einige Dosen auf Lager, die Sie zeitig verbrauchen können. So haben Sie ein Ass im Ärmel, wenn sich Ihre Emetophobie meldet und alle frischen Lebensmittel plötzlich verdorben erscheinen. Besonders, wenn Sie empfindlich auf kurze Haltbarkeitsdaten reagieren, können Sie sich so selbst austricksen. Oft sind Produkte wie Nudelsoßen in Gläsern von Haus aus mehrere Monate und Jahre haltbar. Sie enthalten Zucker und andere Konservierungsstoffe, die das Essen vor Keimen und Schimmel schützen. Auch Trockenprodukte (z. B. Reis und Nudeln) eignen sich hervorragend für Ihren Vorratsschrank.

Natürlich ist eine einseitige Ernährung wie diese auf Dauer keinesfalls gesund. Allerdings könnte sie Ihnen dabei helfen, in einer akuten Angstperiode sowohl Ihren Kalorienbedarf zu erfüllen als auch Ihren Geist zu stärken, indem sie Sie daran erinnert, dass nicht jedes Lebensmittel grundsätzlich schlecht oder gefährlich ist.

- **Geruchs- und Geschmackstest**

Mit dem Leiden an Emetophobie ist ein Geruchs- und Geschmackstest kaum vorstellbar. Trotzdem kann er Ihnen zu innerer Ruhe verhelfen, wenn Sie ihn richtig angehen und daran zweifeln, ob das Lebensmittel vor Ihnen noch essbar ist.

Bevor Sie auf Ihre Geruchs- und Geschmacksnerven zurückgreifen, stellen Sie sich jedoch folgende Fragen:

○ Sieht das Lebensmittel anders aus als am Kauftag?

Falls nein, kommt es für den Test in Frage, falls ja, hinterfragen Sie, welche Veränderungen eingetroffen sind und ob es sich um Schimmelbildung oder Alterungsspuren handelt. Verschimmelte Lebensmittel schließen Sie natürlich kategorisch aus. Lebensmitteln mit Alterungsspuren sollten Sie hingegen eine Chance geben. Wenn Ihnen die Spuren nicht behagen, schneiden Sie sie großzügig heraus.

○ Wie fühlt sich das Lebensmittel an?

Der Vorteil an dieser Reihenfolge der Begutachtung ist, dass Sie Ihr Unbehagen so wenig wie möglich herausfordern und frühzeitig abbrechen können. Haben Sie ein Lebensmittel mit Alterungsspuren vor sich liegen und mussten einige Stellen herausschneiden, nehmen Sie sich die Zeit, um zu überprüfen, ob die Konsistenz sich verändert hat und für Sie erträglich ist. Nur, wenn Sie dann noch in Betracht ziehen, das Lebensmittel zu essen, kommt der Geruchs- und Geschmackstest überhaupt in Frage.

Nun zum eigentlichen Geruchs- und Geschmackstest. Riechen Sie vorsichtig an dem Lebensmittel, wenn Sie sich unsicher sind. Beispielsweise können Sie es etwas weiter von Ihrer Nase entfernt halten und sich vorsichtig Luft zuwedeln. So können Sie sicherstellen, dass Sie den vermeintlich schlechten Geruch nur schwach wahrnehmen und Ihre Nase nicht überreizen.

Wenn das Lebensmittel bis hierhin alle Tests bestanden hat, schneiden Sie ein kleines Stück ab und nehmen es in den Mund. Auf diese Weise bleibt Ihnen in diesem Schritt die Möglichkeit, schnell zu reagieren: Falls Ihnen etwas andersartig vorkommen sollte, spucken Sie die Probe aus und trinken ein Glas Wasser, um den Geschmack zu neutralisieren. Gleichzeitig müssen Sie im Falle des versehentlichen Schluckens nicht panisch werden, weil die Menge mit sehr hoher Wahrscheinlichkeit keinerlei Magenverstimmungen verursachen wird. Sollte Ihre Skepsis bestehen bleiben, probieren Sie ein weiteres Stück.

- **Der Trick beim Fleisch**

Letztens haben Sie sich Hackfleisch gekauft oder ein Steak. Vielleicht hatten Sie am selben Abend noch eine Panikattacke und haben das Essen ausfallen lassen. Zwei Tage später liegt das Fleisch immer noch in Ihrem Kühlschrank, doch jetzt bereitet Ihnen der Gedanke an das Abendessen Übelkeit. Sie sind unsicher, ob Sie es essen können, ohne die Gefahren einer Lebensmittelvergiftung in Kauf zu nehmen.

Was bereits für viele gesunde Menschen zum Zwiespalt werden kann, stellt für einen Emetophobie-Betroffenen ein ganz anderes Ausmaß an Herausforderung dar. Vermutlich haben Sie sich schon oft mit der Entscheidung konfrontiert gesehen: Gehen Sie das Risiko ein, riskieren Sie, Ihre Angst bewusst herbeizuführen. Wenn man sich den Magen verdirbt, können die Probleme über einen längeren Zeitraum anhalten. Sollten Sie das Fleisch nicht doch vorsichtshalber wegwerfen?

Zunächst gibt es für Sie Entwarnung. Die meisten Fleischvarianten sind mindestens zwei Tage im Kühlschrank haltbar. Hierbei gilt: Je größer die Fläche ist, auf der Keime eindringen können, desto weniger haltbar ist das Fleischstück.

Wenn sie sich nicht zutrauen, an dem Fleisch zu riechen, dann betrachten Sie es von außen: Gibt es Verfärbungen oder kommt Ihnen etwas komisch vor? Wenn Sie Ihrer Emetophobie nicht trauen und wissen, dass Sie zur Übervorsichtigkeit neigen, hilft es Ihnen vielleicht, am Tag des Kaufes ein Foto aufzunehmen und direkte Vergleiche zu ziehen. So können Sie ausschließen, dass Sie überinterpretieren.

Trotzdem sind Sie nach zwei Tagen vermutlich unschlüssig, inwiefern sich das Fleisch noch verzehren lässt und wie man es zubereiten kann, um das kleinstmögliche Risiko einzugehen. Vor allem die Salmonellengefahr bei Fisch- und Geflügelkonsum ist für jeden, der das Erbrechen fürchtet, besonders hoch. Deswegen sollten Sie das Fleisch möglichst gut durchbraten, damit alle Mikroorganismen absterben.

Achtung bei Hackfleisch!
Dieses ist wegen seiner großen Angriffsfläche tatsächlich mit Vorsicht zu genießen. Hierbei ist es besonders wichtig, das Fleisch durchzubraten und genau zu inspizieren.

- **Obst und Gemüse haltbarer machen und Abgelaufenes erkennen**

Obst und Gemüse gelten gemeinhin als schnell verderblich. Vielleicht kennen Sie dieses Problem: Am Vortag haben Sie eine Orange gekauft und am nächsten Morgen ist sie matschig oder schimmelt. Selbst im Supermarkt finden Sie gelegentlich verdorbene Lebensmittel – und das, obwohl sie mehrmals am Tag aussortiert werden.

Von daher ist wichtig: Verzehren Sie Ihr Obst und Gemüse innerhalb eines angemessenen Zeitraums.

Doch was bedeutet das überhaupt? Grundsätzlich gilt, dass Obst und Gemüse richtig gelagert über mehrere Tage im Haushalt haltbar sein können, wenn man einige Dinge beachtet. So sollten Sie immer nachreifendes und nicht nachreifendes Obst voneinander trennen. Alles, was nachreift – beispielsweise Äpfel oder Bananen –, produziert das Reifungshormon Ethylen und dieses wirkt sich auch auf das umliegende Obst aus.

Haben Sie schon einmal beobachtet, dass Zitronen und Trauben in einer bunten Obstschale mit Steinfrüchten schneller verderben? Vielleicht lag die Orange aus unserem Beispiel im Supermarkt ebenfalls neben Birnen und Kiwis – denn auch diese reifen nach dem Einkauf stark nach.

Auch beim Gemüse gibt es Tricks: Sollten Sie doch einmal auf Vorrat kaufen, dann achten Sie auf den Wassergehalt der Produkte. Je höher dieser ist, desto schneller verdirbt das Produkt. Eine Gurke ist zum Beispiel deutlich kürzer haltbar als ein Sack Kartoffeln, welcher sich trocken und dunkel über einen längeren Zeitraum lagern lässt.

Entfernen Sie außerdem das Grün von Möhren, Kohlrabi, Radieschen und Ähnlichem, damit es kein Wasser mehr aus den Pflanzen zieht und die Haltbarkeit dadurch deutlich verkürzt.

Sollte Ihr Gemüse trotz dieser Tricks einschrumpeln und Ihre Zweifel aufkommen lassen, können Sie es in ein kaltes Wasserbad legen und ein wenig ziehen lassen. In vielen Fällen nimmt das Lebensmittel das Wasser auf und nimmt seine ursprüngliche Form wieder an – schaden tut ihm das Wasserbad dabei nicht.

Viele Druckstellen können Sie bei Obst und Gemüse großzügig abschneiden, ohne Ihre Gesundheit zu gefährden. Achten Sie allerdings darauf, dass Sie angeschnittene Lebensmittel so schnell wie möglich verbrauchen. Probieren Sie nur ein kleines Stück, wenn Sie sich unsicher sind. Im Zweifelsfall können Sie die Lebensmittel auf diese Weise trotzdem entsorgen und das Stück ausspucken, ohne mit der Sorge möglicher Konsequenzen belastet zu werden.

Die unkaputtbaren Lebensmittel

Es gibt einige Lebensmittel, um die Sie sich trotz Emetophobie keine Sorgen bezüglich der Haltbarkeit machen müssen! Sie halten ewig und sind unheimlich vielseitig, was sie zum perfekten Helfer im stressigen Alltag macht.

ZUCKER IST GESCHMACKSTRÄGER – DOCH ER KANN NOCH SO VIEL MEHR!

Vielleicht kennen Sie solche Sprüche: „Das besteht doch nur aus Zucker! Das wird nicht schlecht." Und tatsächlich steckt viel Wahrheit dahinter, denn Bakterien haben in stark zuckerhaltigen Lebensmitteln keine Chance.

Das liegt daran, dass Zucker das für Pilz und Bakterium überlebenswichtige Wasser in den Lebensmitteln bindet. Je nachdem, wie hoch der Prozentsatz im Lebensmittel ist, verlängert sich auch die Haltbarkeit. So halten sich beispielsweise Marmeladen und Konfitüren geöffnet länger im Kühlschrank, als Sie ihnen womöglich zutrauen. Deswegen können Sie Ihren Zucker und Kandis auch für unbestimmte Zeit lagern und konsumieren. Am liebsten mag es das unkaputtbare Lebensmittel kühl und trocken.

Wenn er doch einmal in Klümpchen in Ihrer Zuckertüte erscheint, seien Sie unbesorgt: Der Zucker ist nicht verdorben oder in irgendeiner Weise beeinträchtigt. Was Sie sehen, passiert, wenn es ihm doch etwas zu feucht wird.

SALZ ist übrigens ein weiteres, feuchtigkeitsentziehendes Wundermittel, welches als unkaputtbar gilt – aber auch hier besteht das Risiko, dass es bei zu viel Nässe verklumpt, was keinerlei Auswirkungen auf seine Fähigkeiten hat.

AUCH BEI HONIG MÜSSEN SIE KEINE ANGST VOR EINEM ABLAUFDATUM HABEN!

Allerdings müssen Sie hier zusätzlich darauf achten, ihn nicht mit Fremdkörpern oder Flüssigkeiten in Kontakt zu bringen – denn dann fängt er rasch an, zu schimmeln. Das Positive daran? Verdorbenen Honig erkennen Sie sofort! Sollten Sie auf Nummer sicher gehen wollen, ist es hilfreich, immer zu einem neuen Löffel oder Messer zu greifen, wenn Sie Honig aus dem Glas schöpfen. Und sollte Ihr Honig einmal fest und kristallin werden, dann wärmen Sie ihn über längere Zeit leicht auf. Dadurch nimmt er wieder seine Ursprungsform an.

MANCHE REISSORTEN HALTEN SICH EWIG ...
..., insofern Sie sie ungeöffnet vor der Sonne schützen. Am besten eignen sich hierfür weißer und Wildreis aufgrund ihres verhältnismäßig geringen Fettgehalts. Doch obwohl nicht jede Reissorte für die Ewigkeit bestimmt ist, halten sie sich im ungekochten und verpackten Zustand über sehr lange Zeit. Das Gleiche gilt auch für Nudeln und Linsen, die Sie auch dann noch unbesorgt aufkochen können, wenn Sie lange in Ihrem Regal gestanden haben. Trockene Lebensmittel machen es Pilzen und Bakterien schwer, sich einzunisten.

Sollte doch etwas am Lebensmittel nicht stimmen, erkennen Sie dies in jedem Fall an Verunreinigungen oder einer befremdlichen Konsistenz – Letztere zum Beispiel bei Mehlmottenbefall.

Möchten Sie neue Lebensmittel kennenlernen?

Lebensmittel sind vielseitig – doch als Emetophobie-Betroffener beschränken Sie sich womöglich auf ein kleines Repertoire, welches für Sie verträglich ist und Ihnen Sicherheit schenkt. Die Folgen können schwerwiegend sein: Eine einseitige Ernährung führt oft zu (schweren) Mangelerscheinungen und körperlichen Konsequenzen. Abgeschlagenheit, Blässe, Müdigkeit, sogar schwerwiegende Erkrankungen wie Osteomalazie (Knochenerweichung) oder Anämie (Blutarmut) können die Folge sein.

Doch auch, wenn man die körperlichen Folgen außer Acht lässt, begegnen Sie unbekannten Lebensmitteln fast tagtäglich. Haben Ihre Freunde vielleicht schon einmal egressiv von ihrem Restaurantbesuch im letzten Urlaub geschwärmt oder Ihnen ein fremdartiges Rezept empfohlen? Vielleicht haben Sie im Internet etwas gesehen, was Sie zwar optisch angesprochen, aber wegen der Zutatenliste skeptisch gestimmt hat.

Die Gründe, Ihre kulinarischen Kenntnisse erweitern zu wollen, sind vielfältig. Und während Ihnen nicht alles schmecken kann und wird, was Sie neu probieren, lohnt es sich doch, mit verschiedenen Alltagsstrategien einen Schritt ins Ungewisse zu wagen.

Was können Sie tun?

• Steigern Sie sich – Nähern Sie sich langsam neuen Lebensmitteln an!

Sie möchten ein neues Lebensmittel kennenlernen, sich vielleicht mit einer fremdländischen Küche auseinandersetzen? Trotz Ihrer emetophobischen Störung sollten Sie sich nicht dazu gezwungen fühlen, auf neue kulinarische Ideen zu verzichten – doch in der Praxis ist das zumeist deutlich schwieriger als in der Theorie. Vor allem mit Blick auf die asiatischen Küchen ist Ihr Ekelgefühl womöglich vorprogrammiert. Das liegt nicht zuletzt an der völlig anderen Zubereitungsweise verschiedener Zutaten. Stellen Sie sich vor, Sie möchten in die japanische Küche eintauchen. Von vielen Menschen wird sie geliebt, andere meiden sie. Das liegt vor allem daran, dass japanische Gerichte sehr oft auf rohe Lebensmittel wie Fisch oder Eier zurückgreifen. Hegen

Sie trotzdem vorsichtiges Interesse daran, wie ein rohes Ei im Reis schmeckt? Oder gar roher Tintenfisch, der oft dazu gereicht wird?

Obwohl es sich hierbei um Extrembeispiele handelt, sind sie hervorragend, um zu lernen, wie man sich allmählich an das Lebensmittel herantasten kann, welches man genießen möchte.

Ein hartgekochtes Frühstücksei kommt Ihnen mit ziemlicher Sicherheit bekannt vor. Und auch frittierte Tintenfischringe finden immer häufiger ihren Weg in die deutsche Kulinarik. Vielleicht findet beides auch bei Ihnen regelmäßig auf den Teller – und hier sollten Sie ansetzen! Tasten Sie sich also mit den Grundzutaten zum Ziel! Wagen Sie es, Ihr Ei etwas weniger hart zu kochen, und experimentieren Sie damit, was es braucht, um sich langsam ein Bild von der Zielkonsistenz zu machen.

Auf diese Weise konfrontieren Sie sich nicht direkt mit einer gänzlich neuen Erfahrung. Vielleicht hilft Ihnen die schrittweise Annäherung dabei, Ihr Unwohlsein im Zaum zu halten, wenn Sie das Unbekannte kennenlernen möchten.

Wenn Sie beispielsweise bei dem Gedanken an Fisch Angst und Übelkeit verspüren, dann bauen Sie ihn so in Ihr Essen ein, dass er als Bestandteil kaum nennenswert ist. Ist der Fisch Ihnen in diesem Zustand bekommen? Vielleicht können Sie ihn das nächste Mal nicht nur in die Nudelsoße geben, sondern auch in Ihren Beilagensalat. Oder fühlen Sie sich bereits sicher genug, Fischstäbchen zu verköstigen?

> Das Wunderbare an dieser Vorgehensweise ist, dass Sie in Ihrem eigenen Tempo immer neue Lebensmittel auf Ihre Speisekarte aufnehmen können, ohne sich übermäßig zu stressen. Die Festlegung des Tempos liegt gänzlich bei Ihnen! Sie bestimmen, wo und wie viel Sie zu sich nehmen und wann Sie der Gedanke überwältigt. Außerdem zwingt Sie die langsame Annäherung deutlich unwahrscheinlicher dazu, große Mengen an Lebensmitteln wegzuwerfen.

- **Probieren Sie kleine Häppchen**

Wenn Sie ein neues Lebensmittel angehen möchten, kann es hilfreich sein, sich nicht direkt darauf zu stürzen. Sollten Sie direkt große Mengen konsumieren, könnte dies für Ihre emetophobischen Symptome fatale Folgen haben. Stattdessen sollten Sie Ihr Probierverhalten immer an Ihr aktuelles Wohlbefinden anpassen. Nur, weil Sie sich leicht dazu überwinden konnten, ein neues Gericht mit Spinat auszuprobieren, sollten Sie sich nicht selbst dazu zwingen, mit derselben Herangehensweise den Koriander zu kosten, den Sie seit jeher konsequent meiden. Vor allem Lebensmittel, die von vielen Menschen zwiegespalten betrachtet werden, können für Emetophobie-Betroffene schwer konsumierbar sein. Haben Sie immer und immer wieder gehört, dass besagter Koriander entweder auf große Begeisterung oder aber auf große Abneigung trifft, werden Sie eine ganz andere Einstellung (in vielen Fällen eher negativ) dazu entwickelt haben als beispielsweise zu Schokolade, die grundsätzlich von einer größeren Personengruppe gemocht wird.

Es ist ganz natürlich, dass Sie gegenüber Lebensmitteln mehr oder weniger voreingenommen sind. Gerade das macht es besonders wichtig, die Probiergrößen nach Ihrem Ermessen anzupassen.

> ⓘ
>
> Achten Sie in jedem Fall darauf, dass Ihre Häppchen immer klein genug bleiben, damit Sie sich wohlfühlen. Die Portionsmengen steigern können Sie, sobald sich Ihre Ängste gelegt haben und Sie positive Erfahrungen sammeln konnten. Nehmen Sie sich Zeit, um das neue Lebensmittel mit Ihrem Körper vertraut zu machen und die Angst und Sorge davor nach und nach abzulegen.

- **Informieren Sie sich (über die Zubereitung & Verarbeitung)**

Bis hierhin haben wir uns auf Lebensmittel in Ihrem Urzustand konzentriert und die Beispiele darauf ausgelegt. Vielleicht kommen Sie aber auch in die Situation, vorverarbeitete Lebensmittel verwenden zu wollen. Planen Sie womöglich ein Barbecue oder eine Gemüsepfanne und möchten dazu abgepackte Soße anbieten? Dann stehen Sie womöglich nicht nur vor der Qual der Wahl im Supermarkt, sondern auch vor unzähligen vorverarbeiteten Produkten mit umso längeren Inhaltsstofflisten. Gerade die machen Fertiggerichte aber so praktisch und nur wenig zeitaufwendig. Und so greift man vor allem in stressigen Lebensphasen schnell darauf zurück, um sich ein wenig Freizeit zu behalten.

Doch was bringt die neugewonnene Zeit, wenn man sich nach dem Konsum übel fühlt und Angst hat, dass man selbst erbricht oder andere erbrechen müssen? Wenn Sie bereits ein schlechtes Gefühl überkommt, wenn Ihnen Menschen auf der Straße mit Fastfood „to go“ begegnen, könnte Ihnen bei dem Gedanken daran, selbst Fertigketchup zu kaufen, der kalte Schweiß auf die Stirn treten.

<u>Aber es gibt Entwarnung:</u> Während Sie über den Fremden auf der Straße nur mutmaßen können, haben Sie einen deutlich größeren Einfluss auf Ihr eigenes Konsumverhalten: Sie wissen schon vor dem Ladenbesuch, dass Sie eine Flasche Ketchup kaufen möchten. Oder soll Knoblauchsoße her, um Ihren Ofenkartoffeln das gewisse Etwas zu verleihen? In jedem Fall können Sie sich vor dem Konsum vorbereiten und gegebenenfalls Recherche anstellen,

sollten Sie unsicher sein: Wie und unter welchen Bedingungen wird Ihr Produkt hergestellt? Welche Inhaltsstoffe werden verarbeitet und was bedeuten diese Inhaltsstoffe für Ihre Gesundheit und Ihr Konsumverhalten? Sind Allergene enthalten? Viele Lebensmittel weisen beispielsweise auch darauf hin, dass Spuren von Schalenfrüchten vertreten sein können, was für Allergiker sehr relevant ist.

In der Zeit des Internets können Sie sich rasch viele Informationen aneignen und zu Nutze machen. Unter anderem gibt es praktische Handyapps, die Ihnen noch vor Ort durch das Scannen des Barcodes genau auflisten können, welche Bestandteile Ihr potenzieller Einkauf hat. Sollten Sie sich mit keiner der angebotenen Optionen wohlfühlen, reicht womöglich eine kurze Google-Suchanfrage, um Alternativen und vielfältige Rezepte zu finden, auf deren Basis Sie selbst bestimmen, welche Zutaten Ihr Gericht enthalten soll.

Vor allem bei vorverarbeiteten Lebensmitteln gibt es nämlich unzählige Alternativen und Marken, die wiederum mit verschiedenen Inhaltsstoffen arbeiten und verschiedene Geschmäcker bedienen. Statt aufgrund Ihrer Emetophobie ganz auf ein Erlebnis verzichten zu müssen, können Sie sich dank dieser Fülle und diverser freizugänglicher Rezepte trotz Angsterkrankung relativ frei bewegen.

- **Binden Sie das neue Lebensmittel in für Sie bekannte Rezepte ein**

Haben Sie es geschafft, ein neues Lebensmittel zu kosten und erste positive Erfahrungen mit ihm zu machen, ist es wichtig, das neu Erlernte zu fördern und zu behalten – denn nur, weil etwas einmal funktioniert hat, ist die Angst nicht sofort auf ewig gebannt. Vor allem, wenn Ihre Emetophobie Sie allgemein in Ihrer Ernährung einschränkt, wissen Sie, wie wichtig es ist, eine gesunde Beziehung zu Nahrungsmitteln aufzubauen und zu pflegen.

Wie lässt sich das in der Praxis umsetzen? Oft ist es so, dass ein neues Lebensmittel aus einem ganzen Umfeld neuer Lebensmittel stammt. So wird Fisch beispielsweise mit Dill serviert oder Spargel mit Sauce hollandaise. Man könnte behaupten, dass einige Lebensmittel bekannt für ihr hervorragendes Zusammenspiel mit anderen Zutaten sind und gewisse Kombinationen im Volksmund unumgänglich seien. Lassen Sie sich nicht davon stressen!

> Gerade diese gesellschaftlichen Erwartungshaltungen können zum Grund dafür werden, dass Sie Motivation und Freude daran verlieren, Neues auszuprobieren.

Erzielen Sie Ihre ersten Erfolge vor allem, indem Sie das Bekannte mit dem Unbekannten kombinieren. Statt Fisch mit Dill probieren Sie den Fisch lieber mit Nudeln und Salat. Spargel eignet sich hervorragend dazu, in Speck eingerollt zu werden, wenn Ihnen die eilastige Sauce hollandaise Unwohlsein bereitet. Ähnliches zählt für die meisten Zutaten! Nehmen Sie das Neue und ersetzen Sie mit ihm Bestandteile des Alten. Probieren Sie gefüllte Zucchini statt Paprika oder benutzen Sie das nächste Mal Hühnchen- statt Schweinefleisch in Ihrer Bolognese.

- **Nehmen Sie sich am besten nur ein Lebensmittel oder Gericht vor, welches Sie in Ihre Routine aufnehmen möchten.**

Wenn jedes Lebensmittel potenzielle Ängste triggern kann, ist jeder Schritt, etwas Neues auszuprobieren, bereits ein großer Erfolg! Stressen Sie sich nicht und seien Sie nicht nachtragend, sollte es nicht direkt funktionieren.

Wenn Sie sich selbst unter Druck setzen, laufen Sie Gefahr, Motivation und Lust zu verlieren. Im schlimmsten Fall wirkt sich Ihre Wut auf sich selbst nicht nur negativ auf Ihre Psyche aus, sondern auch direkt auf Ihr körperliches Wohlbefinden.

Stattdessen sollten Sie sich nicht darauf versteifen, das neue Lebensmittel aktiv in jede Mahlzeit einbauen zu müssen, um sich von seiner Bekömmlichkeit zu überzeugen. Angsterkrankungen, wie die Emetophobie, und ihre damit zusammenhängenden Sorgen schwanken tagtäglich.

Behalten Sie in akuten Stresssituationen immer im Hinterkopf, dass das, was in diesem Moment unüberwindbar erscheint, in der nächsten Woche verhältnismäßig einfach für Sie sein kann. Wenn Sie mit negativen Gefühlen auf ein für Sie exotisches Lebensmittel zugehen, verbinden Sie diese negativen Gefühle womöglich langanhaltend mit ihm. Genießen Sie deswegen auch die kleinen Erfolge und überreizen Sie die Toleranzgrenze Ihrer Sinne und Befürchtungen nicht, wenn es nicht dringend notwendig ist.

Wie kann das in der Praxis funktionieren?

Sie sind zum Essen bei Freunden eingeladen. Es gibt selbstgemachte Tapas und andere Snacks, die offen auf dem Tisch stehen. Eingelegtes Gemüse, Fisch und Oktopus ... Letztens haben Sie angefangen, sich an Lachs heranzutasten. Weil Ihr Freundeskreis über Ihre Angsterkrankung Bescheid weiß, füllen Sie sich zuerst den Teller auf.

In dieser Situation sind Sie von vielen potentiellen Triggern umgeben, die Sie bewusst, vielleicht aber auch unbewusst, stressen können. Inwiefern fühlen Sie sich in dieser Situation in der Lage, zu essen und sich mit dem neuen Lebensmittel auseinanderzusetzen? Auf dem Tisch stehen noch viele weitere Kleinigkeiten, die Sie seit langem nicht oder noch nie konsumiert haben. Wägen Sie ab, ob Sie sich unter diesen Umständen in der Lage dazu fühlen, weitere neue Zutaten zu probieren, und belassen Sie es im Zweifelsfall bei Ihrem kleinen Erfolg.

Wie können Sie Restaurantbesuche für sich angenehmer gestalten?

Ein Restaurantbesuch bedeutet, die Kontrolle über Ihr Essen abzugeben. Für viele Menschen mit einer Emetophobie handelt es sich dabei um ein immenses Risiko: Einerseits zwingt der Umstand sie dazu, gegebenenfalls Lebensmittel zu konsumieren, die sie selbst längst entsorgt hätten, andererseits begeben sie sich zwischen Menschen, die – genau wie sie – empfindlich auf die servierten Gerichte reagieren könnten. Eine wahre Horrorvorstellung! Nicht zuletzt zählen Restaurantbesuche zu den größten Hürden für Betroffene.

Trotzdem kommt es immer wieder vor: Der Hunger ist groß und weit und breit gibt es keinen Supermarkt, bei dem die Mindesthaltbarkeitsdaten ersichtlich sind. Oder aber Sie sind mit Freunden in der Stadt und werden gebeten, gemeinsam den Mittagstisch zu genießen. Vielleicht haben Sie auch Hunger auf ein komplexes Gericht, welches Sie selbst nicht daheim zubereiten können. Immer dann stehen Sie vor der akuten Wahl: Lassen Sie sich von Ihrer Emetophobie einschränken oder wagen Sie es doch, sich Ihrer Angst zu stellen?

Was können Sie tun?

- **Lesen Sie Restaurantrezensionen**

Zugegeben, dieser Tipp ist oft nicht auf die Schnelle umsetzbar. Trotzdem geben Rezensionen immer einen guten Anhaltspunkt, wenn man sich mit der Verträglichkeit und Hygiene eines Restaurants auseinandersetzen möchte. Vor allem im Internet scheuen die Menschen nicht davor zurück, harsche Kritik zu üben – und selbst ein Staubkorn kann bei einer Lokalbewertung zum ausschlaggebenden Punkt werden. Sprich: Wenn ein Lokal viele Bewertungen erhalten hat, wird alles Mangelhafte früher oder später von mindestens einer Person angesprochen.

Lesen Sie sich durch die Rezensionen, um eine Vorstellung von der Arbeitsweise des jeweiligen Lokals zu erlangen. Gegebenenfalls gibt es auch (ehemalige) Mitarbeiter, die sich zu dem Arbeitsumfeld äußern. Schon die Speisekarte und beigefügte Bilder vom Essen und dem Ambiente können viel über das Etablissement verraten. Sind Hunde erlaubt? Wie sehen die Toiletten aus? Hat sich schon jemand darüber beklagt, nach dem Essen mit Übelkeit gekämpft zu haben oder dass die Zutaten nicht frisch waren?

> ⓘ
>
> Vor allem, wenn Sie wissen, was genau Ihre Emetophobie triggert, ist es hilfreich, nach diesen speziellen Stichwörtern zu suchen. Das können Sie beispielsweise in der Rezensionsspalte tun, die bei vielen Restaurants in ihrem Internetprofil aktiv beschrieben wird.

Auf diese Weise können Sie sich einen guten (oder weniger guten) ersten Eindruck von dem Lokal machen und entscheiden, ob Sie sich vorstellen können, Ihrer Emetophobie in einem solchen Umfeld entgegenzutreten. Im besten Fall sehen Sie bereits zuhause das Speisenangebot ein. Werden in der Küche Lebensmittel verarbeitet, die Ihnen bei dem bloßen Gedanken den Appetit verderben? Können Sie mit der Vorstellung umgehen, dass Ihr Gericht in derselben Küche zubereitet werden würde und Bestandteile eventuell im Kühlfach mit den von Ihnen gefürchteten Lebensmitteln in Kontakt gekommen sind?

Vergessen Sie nicht, dass eine solche Recherche nur Anhaltspunkte bieten kann und nicht mit der Realität übereinstimmen muss. Das gilt nicht nur für die positiven Meinungen, sondern auch für die negativen. Dennoch können es diese Anhaltspunkte sein, die erste Berührungspunkte mit einem Lokal eröffnen.

- **Besuchen Sie Restaurants, die Ihnen und Ihren Freunden bekannt sind**

Besser als Rezensionen aus dem Internet sind Erfahrungen aus Ihrem persönlichen und engen Umfeld. Wenn Sie ein städtisches Lokal besuchen möchten oder sogar dorthin eingeladen werden, ist die Wahrscheinlichkeit hoch, dass jemand aus Ihrem Umfeld oder Ihre unmittelbare Begleitung bereits Erfahrungen mit dem Restaurant gemacht hat.

Trauen Sie sich, Ihre Befürchtungen und Zweifel offen anzusprechen und in Fragen zu formulieren. Im Idealfall weiß Ihr Bekanntenkreis von Ihrer Emetophobie und Ihren Triggern und kann ein darauf zugeschnittenes Feedback geben. Die Wahrscheinlichkeit ist hoch, dass Freunde Ihnen Informationen und Erfahrungen mitteilen können, die im Internet und durch Dritte nicht zur Sprache kommen. Das liegt daran, dass Sie mit Ihrem Leiden unter der Emetophobie und dem speziellen Krankheitsbild zu einer sehr kleinen Minderheit gehören, die bei den meisten Kritiken nicht berücksichtigt wird. Auch die Symptome sind individuell und vielfältig, weswegen Sie sich im Zweifelsfall denjenigen anvertrauen sollten, die Ihnen am nächsten sind.

- **Machen Sie sich – wenn möglich – ein Bild von der Arbeitsweise des Restaurants**

Einigen Angstpatienten hilft es, sich mit der Arbeitsweise des Restaurants vertraut zu machen. So verschafft es vielen Mysophobiebetroffenen Erleichterung, wenn Sie um die Hygieneumsetzung der Restaurantmitarbeiter wissen oder „direkt in die Küche" schauen können.

Hierfür sollten Sie wissen, wovon Ihre Angst vor dem Essen außerhalb zeugt. Ist es die Angst vor verdorbenen Lebensmitteln? Eine unhygienische Arbeitsweise, die Ihre Bestellung mit Keimen kontaminieren könnte? Bei vielen kleineren Restaurants und Imbissen haben Sie direkten Einblick in die Zubereitungsumgebung und auf ausliegende Lebensmittel. Manchmal gibt es auch eine sogenannte offene Küche. Das bedeutet, dass Sie als Besucher den

Kochprozess transparent einsehen können, da die Küche nicht in einem abgesonderten Raum untergebracht ist. Ob Ihre Hygienestandards hier eingehalten werden, lässt sich in diesen Lokalen direkt überprüfen. Auch mit dem Umgang mit Lebensmitteln können Sie sich vertraut machen.

Aber auch ohne direkten Blick auf die Küche können Sie sich an einigen Anhaltspunkten eine Vorstellung von der Arbeitskultur des Restaurants und der Mitarbeiter machen: Waschen sich die Angestellten oft die Hände oder wechseln sie ihre Handschuhe, besonders, nachdem sie Bargeld angenommen haben? Werden die Tische nach einem Restaurantbesuch geputzt? Wie sehen die servierten Gerichte aus? Das Ambiente? Sind die Teller sauber? Und wenn Sie einen Blick auf das Küchenpersonal erhaschen können: Wie trägt es sein Haar? Lang und offen oder zusammengebunden im Haarnetz?

Je nachdem, welche Anforderung Sie an eine gute Hygiene und frische Lebensmittel haben, können die Punkte, denen Sie Beachtung schenken, endlos sein. Das Beste an dieser Beobachtungsstrategie ist aber in jedem Fall, dass Sie rasch und bereits im Vorbeigehen gemacht sein kann. Entscheiden Sie sich für ein Restaurant, welches einen guten, persönlichen Eindruck macht, und achten Sie eventuell auf ausgestellte Auszeichnungen und Zertifikate durch das Ordnungsamt, die oftmals bereits an den Eingangstüren angebracht sind. Auch die Preise auf der Speisekarte können ein erster Hinweis darauf sein, dass an Lebensmitteln gespart wird. Vergessen Sie nie, dass ein Lokal in jedem Fall Gewinn machen will und muss, um sich über Wasser halten zu können. Eine Lasagne für fünf oder sechs Euro wird nicht dieselben qualitativen Merkmale aufweisen wie die Lasagne für den doppelten oder dreifachen Preis. Und während das Angebot in einigen Restaurants preislich wahrhaftig zu hoch angesetzt ist, sind zu niedrige Preise oft das erste Indiz für alte Lebensmittel und schlechte Verarbeitung.

- **Vermeiden Sie Stoßzeiten und reservieren Sie einen Tisch**

Sie planen ein Essen auswärts mit Freunden und haben sich sogar schon ein Restaurant ausgesucht, welches nicht nur Ihr Interesse wecken, sondern auch mit seiner Erscheinung und Kultur überzeugen konnte? Nun möchten Sie einen Tisch reservieren – und plötzlich kommen alle Zweifel an Ihrem Vorhaben zurück.

Mit einem Restaurantbesuch setzen Sie sich womöglich allen Ihnen bekannten Triggern Ihrer Emetophobie aus: Es handelt sich um einen Ort, an dem alle Alters- und Personengruppen zusammentreffen, Sie jegliche Selbstbestimmung über die Zubereitung Ihrer Mahlzeiten abgeben und sowohl Koch als auch Personal vollkommen fremd sind. Sie wissen nicht, was in der Küche passiert, wenn es stressig wird, oder wie sich Ihr unmittelbares Umfeld verhalten wird. Daher kann es helfen, sich die richtige Zeit für einen Besuch auszusuchen. Vermeiden Sie die klassischen Stoßzeiten. An den Wochenenden sind Restaurants abends oft sehr gut besucht, denn die meisten Arbeitnehmer genießen dann Ihre freien Tage und können gern etwas länger auf den Beinen sein. Imbisse und Schnellrestaurants in der Nähe von Schulen und Firmen machen Ihren höchsten Umsatz dahingegen zu den Pausen- und Mittagszeiten.

Aber auch außerhalb dieser Zeiten kann es für Sie hilfreich sein, einen Tisch zu reservieren: Einerseits können Sie um einen Platz abseits bitten, an dem Sie Ihr Essen außerhalb des Zentrums Ihrer Trigger genießen können – andererseits können Sie die Gelegenheit des Anrufs dazu nutzen, nachzuhaken, wann der Betrieb für gewöhnlich die meisten Kunden bedient. Auch weitere Fragen, die Ihnen auf dem Herzen liegen, können Ihnen persönlich am Telefon beantwortet werden, sodass Sie größere Vertrautheit mit dem Lokal aufbauen können.

- **Wählen Sie das passende Angebot**

Vor allem, wenn Sie mit Bekannten essen gehen, ist es möglich, dass man Ihnen ein Gericht empfiehlt oder Ihre Emetophobie für andere in Vergessenheit gerät. Im schlimmsten Fall kommt die Meinung auf, Sie würden übertreiben – Ihre Emetophobie könnte also heruntergespielt werden. Je nachdem, wie nahe Ihnen Ihre Begleitung steht und wie Ihr gewöhnliches Essverhalten aussieht, kann es rasch dazu kommen, dass man Ihnen rät, etwas Neues auszuprobieren und nicht immer dasselbe zu essen. Deswegen kann es Sie besonders zu Anfang entlasten, derartige Stresssituationen nur mit Ihrem engen Familien- und Freundeskreis oder allein anzutreten.

Oder stellen Sie derartige Anforderungen gar an sich selbst? Gerade, wenn Sie sich zum ersten Mal seit langer Zeit an die Gastronomiematerie herantasten und es sich womöglich um Ihren ersten Restaurantbesuch seit mehreren Jahren handelt, weil Sie Ihre Angststörung in Ihrem Genuss so stark eingeschränkt hat, sollten Sie sich behutsam herantasten.

So sollten Sie dasselbe Restaurant mehrmals besuchen, bis es Ihnen die Sicherheit gibt, die Sie brauchen, um sich bedenkenlos etwas von der Speisekarte aussuchen zu können. Setzen Sie sich nicht unter Druck, weil Sie sich selbst oder Ihrem Umfeld etwas beweisen wollen, und ziehen Sie bereits bei der Bestellung die Gefühle in Betracht, die Sie dominieren könnten, wenn das Gericht vor Ihnen steht.

Was genau stellen Sie sich unter der Speise vor? Bestellen Sie, womit Sie sich wohlfühlen, und vermeiden Sie, besonders bei Ihren ersten Besuchen, große Portionen und unbekannte Gerichte.

Scheuen Sie sich nicht davor, die Bedienung bezüglich nicht aufgeführten Inhaltsstoffen und Allergenen zu fragen.

Finden Sie Ihr Stammrestaurant

Sollten Ihre Angstzustände bezüglich Ihres Lebensmittelkonsums besonders an unbekannten Orten und gegenüber fremden Personen getriggert werden, kann es hilfreich sein, ein Stammlokal zu finden, in das Sie gewissenlos zurückkehren können und mit dem Sie positive Erinnerungen und Erfahrungen verbinden. Hierzu bieten sich vor allem Lokale ohne rotierendes Personal an, welche ihr Angebot nur selten abändern und eine Stammkundschaft pflegen.

Vielleicht waren Sie bereits vor Ihrer Emetophobieerkrankung dort, um zu feiern und kostbare Erinnerungen zu sammeln. In diesem Fall könnte es sich lohnen, an den positiven Erfahrungen anzuknüpfen.

Meiden Sie es aufgrund Ihrer Emetophobie, nach draußen zu gehen?

Haben Sie Schwierigkeiten damit, das Haus zu verlassen? Weil die Trigger der Emetophobie potenziell allgegenwärtig sind und sie zu jeder Zeit mit Erbrechenden und Ihrer eigenen Übelkeit konfrontiert werden können, vermeiden es viele Betroffene, ohne guten Grund nach draußen zu gehen.

Haben Sie in der Vergangenheit zum Beispiel schon einmal eine Verabredung abgesagt, weil der Gedanke an die Außenwelt Unbehagen in Ihnen ausgelöst hat? Sind Sie lieber in Ihrem gewohnten Umfeld, in dem Sie die Kontrolle über Ihre Umgebung behalten und nicht riskieren, einer unangenehmen Situation ausgeliefert zu sein? Frische Luft ist gesund, heißt es, und doch ist das Risiko einer Panikattacke groß, wenn man mit fremden Gerüchen und Personen umgeben ist. Trotzdem wird in unserer Gesellschaft erwartet, abrufbar zu sein.

Dazu zählt unter anderem, an öffentlichen Events teilzunehmen oder für die Arbeitskollegen einzuspringen, wenn dies notwendig sein sollte. Was könnten Sie beispielsweise tun, wenn ein Termin mit Ihrem Chef ansteht? Vielleicht lädt er Sie auf ein Dinner in einem Restaurant ein, um den Auftrag mit Ihrem neuen Kunden zu besprechen. Obwohl Sie jetzt wissen, wie Sie mit Restaurantbesuchen umgehen können, tendieren Sie im ersten Moment womöglich trotzdem dazu, den Termin abzusagen. Das spontane Ausgehen schlägt Ihnen auf den Magen.

Was können Sie tun?

- **Fahren Sie mit dem Auto statt mit der Bahn**

Wenn man die Außenwelt meidet, weil verschiedene Trigger der Emetophobie Auslöser für Panikattacken sind, kann man sich oftmals damit behelfen, wenn man Alternativen findet, mit denen man den negativen Gefühlen und Befürchtungen den Platz rauben kann.
Stellen Sie sich in diesem Kontext gerne auch folgende Fragen. Sie können Ihnen dabei helfen, mögliche Trigger zu identifizieren:

○ Warum genau meiden Sie es, rauszugehen?

○ Liegt es an den Menschen und der Umwelt, die Ihnen auf Ihrem Weg durch die Innenstadt begegnen?

○ Fühlen Sie sich mit der Angst konfrontiert, Erbrochenes in den Nebenstraßen erblicken zu müssen?

○ Oder sind es die öffentlichen Verkehrsmittel, die jedes Mal chaotischer, dreckiger und überfüllter scheinen?

Viele dieser Probleme können Sie angehen, indem Sie zum Auto greifen – denn in Ihrem Privatwagen haben Sie die Kontrolle über Ihre unmittelbare Umgebung und können den meisten Unannehmlichkeiten ausweichen. So bieten viele Städte in der Nähe der Einkaufsstraße Parkmöglichkeiten an und sind so gut befahrbar, dass Sie nicht zwangsläufig auf Bus, Bahn oder den Fußgängerweg zurückgreifen müssen.

Außerdem bietet das Auto noch einen entscheidenden Vorteil: Es schützt Sie vor den unangenehmen Gerüchen, die oft in den Städten vorherrschen, und bietet einen mobilen Rückzugsort, sollten Sie in eine panikauslösende Situation geraten sein oder eine Pause von Ihrer Umwelt brauchen. Gleichzeitig eignet es sich hervorragend dafür, ein Erste-Hilfe-Set mit allen Utensilien mitzunehmen, die Ihnen im Falle einer akuten Panikattacke helfen können.

Zu Erinnerung:
Solche Tipps helfen Ihnen insbesondere in Akutsituation (v. a. zu Beginn der Behandlung). Die konkreten Gründe und Auswirkungen sollten im Laufe der Zeit gründlicher aufgearbeitet werden, um langfristige Besserung herbeizuführen.

• Treffen Sie Vorkehrungen

Womit können Sie sich draußen im Falle einer akuten Panikreaktion behelfen? Womöglich ist es dieser Gedanke, der Sie dazu anhält, das Ausgehen zu vermeiden. Was tun Sie im Ernstfall? Außerhalb Ihres Zuhauses scheinen Sie Ihren Triggern schutzlos ausgeliefert zu sein. Dabei gibt es einige Hilfsmittel, die Ihnen auch außerhalb ein wenig Sicherheit verschaffen können:

Viren und Keime sind in einem ungeschützten Umfeld allgegenwärtig. Gleichzeitig können Sie zum Krankheitserreger werden oder Ihnen und anderen auf den Magen schlagen. Während Sie sich zuhause regelmäßig die Hände waschen, ist es außerhalb Ihrer gewohnten Umgebung schwer einschätzbar, wo Sie das nächste öffentliche WC aufsuchen können – und inwiefern dieses WC sauber ist.

Am besten hilft es, eine Möglichkeit zu finden, die Ihnen auch unterwegs Sicherheit gibt und Sie schützt. Hier gibt es verschiedene Ansätze, die Ihnen behilflich sein können, wenn Ihnen die Kontamination Ihrer Umwelt wortwörtlich auf den Magen schlägt:

Wussten Sie, dass man Desinfektionsmittel und -gele in praktischen Mitnahmegrößen in diversen Drogerien und im Internet erwerben kann? Nachdem Sie das nächste Mal mit Keimschleudern in Kontakt gekommen sind, können Sie die kleinen Fläschchen ganz bequem aus Ihrer Jacken- oder Handtasche nehmen und die Fremdkörper auf Ihrer Haut abtöten. So kann der Verkehr mit Bargeld, das Festhalten im Bus oder das Öffnen von Türen deutlich erträglicher werden. Auch wenn Sie einen abgepackten Snack für unterwegs öffnen, könnte das Desinfektionsmittel Ihnen behilflich sein, diesen ohne größere Hemmungen zu genießen. Außerdem wirkt das kleine Fläschchen doppelt: Es schützt Sie nicht nur vor Keimen, sondern klärt mit seinem starken Geruch auch die Luft in Ihrem unmittelbaren Umfeld. Natürlich könnten Sie in einem solchen Fall auch zu Ihrem handelsüblichen Deodorant greifen, doch diese Düfte vermischen sich bekanntlich nur mit den Gerüchen Ihres Umfeldes. Wenn Sie beispielsweise eine nach Urin oder Erbrochenem riechende Unterführung durchqueren, besteht die hohe Wahrscheinlichkeit, dass Ihnen aufgrund der chemischen Düfte noch flauer und übler wird und ihnen die Luft zum Atmen fehlt – dass also genau das geschieht, was Sie vermeiden möchten! Nicht so effektiv darin, Gerüche auszublenden, sind Einwegmasken. Sie eignen sich vor allem dann, wenn Sie bereits bei schwachen Gerüchen somatische Reaktionen wie Übelkeit oder Beklemmnis empfinden. Gemeinsam mit einem Paar Einweghandschuhen bieten Sie dennoch einen guten Ersatz, sollten Sie zu übermäßigem Gebrauch von Desinfektionsmitteln neigen.

Weitere praktische Hilfsmittel sind Kaugummis, um Ihren Stresslevel zu mindern, oder Bonbons. Gegebenenfalls können Sie auch verschriebene Beruhigungsmedikamente mitnehmen und Kleinigkeiten, die Sie entspannen und ablenken. In einer Akutreaktion kann es bereits helfen, mit Kopfhörern die Musik aufzudrehen, die Augen zu schließen, durchzuatmen und Ihre Außenwelt einen Moment lang aus Ihrem klaren Bewusstsein zu verbannen.

SEIEN SIE SICH IN JEDEM FALL BEWUSST, WIE DESINFEKTIONSMITTEL WIRKEN, UND GEBEN SIE IHRER HAUT UND IHREN NASENSCHLEIMHÄUTEN REGENERATIONSZEIT!

Die keim- und virenabtötende Wirkung vernichtet nicht nur die schlechten Mikroorganismen! Auch Ihre eigene Hautflora leidet unter Ihrer Anwendung und braucht regelmäßige Ruhezeiten. Bei übermäßigem Gebrauch laufen Sie Gefahr, wegen der austrocknenden Wirkung unter trockener und rissiger Haut und gereizten Nasenschleimhäuten zu leiden. Das kann nicht nur zu Schmerzen, sondern bei übermäßigem Einatmen auch zu Geschmacks- und Geruchsverirrungen führen!

Achten Sie daher unbedingt darauf, Ihre Haut mit genügend Feuchtigkeit zu versorgen und sie nicht zusätzlich zu strapazieren – beispielsweise mit Handcremes oder hautneutralen Duschgelen! Vor allem medizinische Handcremes, die beispielsweise auch von Krankenhausmitarbeitern verwendet werden, eignen sich besonders gut. Lassen Sie sich ggf. in einer Apotheke oder dermatologisch beraten.

Sollten Sie dazu in der Lage sein, achten Sie darauf, dass Sie zu ablenkenden und beruhigenden Maßnahmen greifen, bevor Ihre Panikattacke ausbricht oder droht, Sie zu übermannen. Wenn Sie wissen oder davon ausgehen, dass das Passieren eines bestimmten Ortes Ihnen die Kehle zuschnürt, dann bereiten Sie sich bereits vorher mental darauf vor und lenken Sie sich mit Dingen ab, die Ihnen guttun.

Ein wertvoller Tipp kann sein, in solchen Extremsituationen auf sich zu achten und auf sein Körpervertrauen zu hören. Das heißt auch, dass Sie in akuten Angstphasen lernen, Ihre Symptome zu lesen, um sich gegebenenfalls frühzeitig aus einer Stresssituation zu ziehen, wenn Sie befürchten, dass Ihnen der Druck Ihrer aktuellen Umstände zu viel wird. Auch Ihre Psyche kann es entlasten, wenn Sie sich die Möglichkeit zur Distanzierung lassen und Ihren Ängsten nicht erlauben, Ihre Gedanken gänzlich einzunehmen. Womöglich nimmt Ihnen diese Einstellung sogar ein wenig des allgegenwärtigen Drucks von der Brust. Die Strategien zur langfristigen Behandlung, die Sie später kennenlernen werden, helfen Ihnen beim Erlernen dieser Technik.

- **Vermeiden Sie Hotspots, wenn Sie Ihren Horizont erweitern**

Egal, ob Sie in die Stadt oder am See spazieren gehen, achten Sie darauf, Menschenansammlungen zu vermeiden. Besonders, wenn Sie sich in neue Gebiete wagen, sollten Sie Wochenenden und perfektes Wetter meiden, um sich an das unbekannte Umfeld gewöhnen zu können. Auch die ersten trockenen Tage nach langer Regenperiode locken viele Menschen aus Ihren Häusern. Überfüllte Spazierwege und Geschäfte sind oft die Folge – und mit ihr womöglich Ihre wachsende Skepsis gegenüber neuen Orten.

Wählen Sie auch das wetterabhängig. So lässt Regen nicht nur die meisten Menschen daheimbleiben, sondern er erstickt auch Geräusche und Gerüche. Trotz der Nässe könnte sich hier für Sie die perfekte Gelegenheit bieten, nach draußen zu gehen. Soll es doch sonnig sein? Dann vermeiden Sie die Wochenenden. Vor allem Seen und andere lokale Touristen Hotspots neigen dazu, an Wochenenden unbegehbar zu sein. Ähnliches gilt für Freibäder, die Innenstädte und Volksfeste. Im Idealfall wagen Sie zur Vormittagszeit einen Spaziergang – wenn viele Menschen arbeiten oder in der Schule sind und die Straßen relativ leer zu sein scheinen.

Bevor Sie einen Spaziergang wagen, erkundigen Sie sich bezüglich laufender Events. Neben Stadtfesten gibt es an abgelegeneren Lokalen oft Abende mit Live-Musik, die Zuschauer anziehen. Vor allem, wenn diese Zuschauer einen weiteren Weg haben, besteht in solchen Fällen das erhöhte Risiko, dass sie ihren gesamten Tag in der Nähe des Schauplatzes verbringen. Nehmen Sie sich in diesem Fall die Zeit und betrachten Sie einen Ort von außen, ehe Sie sich hineinwagen. Entscheiden Sie kurzfristig, ob Sie sich dem Ist-Zustand gewachsen fühlen.

Wenn Sie aufgrund Ihrer Emetophobie allgemein meiden, das Haus zu verlassen, erweitern Sie Ihren Horizont schrittweise. Machen Sie einen Spaziergang durch Ihr Wohngebiet und machen Sie sich mit Ihrer direkten Umgebung vertraut, ehe Sie weiträumig Ihre Ängste mit der Außenwelt konfrontieren. Auf diese Weise können Sie schrittweise lernen, trotz der Angststörung alltägliche Angelegenheiten, wie örtliche Einkäufe, wiederaufzunehmen.

Was tun Sie bei direktem Kontakt mit einer erbrechenden Person?

Es ist eine Horrorvorstellung: Sie stehen im vollen Bus und das Kind, das Ihnen gegenübersitzt, erbricht sich auf seinen Schoß und den Boden. Die anderen Fahrgäste drängen Sie zwar beim Ausweichen zurück, doch wenig später steht der Geruch von Erbrochenem in der Luft. Trotzdem macht der Busfahrer keinerlei Anstalten, zu halten. Die nächste Bushaltestelle ist noch einige Minuten entfernt und bis dahin gibt es für Sie keine Ausstiegsmöglichkeit.

Was können Sie tun?

- **Bewahren Sie Ruhe**

Wenn Sie direkt mit Ihren Ängsten konfrontiert werden, womöglich sogar mit ihnen in Berührung kommen, klingt dies zunächst wie ein merkwürdiges, kaum stemmbares Unterfangen – trotzdem sollten Sie versuchen, Ruhe zu bewahren und nicht zum Opfer Ihrer Panik zu werden. In den meisten Fällen wirkt sich Panik negativ auf das Wohlbefinden aus, was wiederum zu eigener Übelkeit und Erbrechen führen kann. Konzentrieren Sie sich auf Ihre Atmung und auf sich selbst und machen Sie sich bewusst, dass es nur eine Frage der Zeit ist, bis Sie diese Situation wieder verlassen können: Ob im Bus an der nächsten Bushaltestelle oder an der Ampel bei der nächsten Grünphase. Statt sich Ihrer Ohnmacht im Angesicht der Situation hinzugeben, zählen Sie von einhundert abwärts und ermöglichen Ihrem Körper und Ihrer Psyche, sich mit der Situation auseinanderzusetzen.

Sollten Sie dazu in der Lage sein, entfernen Sie sich kontrolliert von der betroffenen Person oder bitten Sie sie (falls möglich), ein Bad aufzusuchen, sich zu reinigen und auf Distanz zu Ihnen zu bleiben, bis es ihr besser geht. Werden Sie nicht hektisch – auch nicht, wenn Sie Abstand suchen. Einerseits geben Sie Ihren negativen Erwartungen dadurch Raum, sich zu entfalten, andererseits füttert Hektik Ihre innere Unruhe, trägt aber nur bedingt dazu bei, die Situation schnell und komplikationslos zu verlassen.

• **Lenken Sie sich ab**

Wenn Sie in der Situation gefangen sind, versuchen Sie, sich abzulenken. Zu diesem Zeitpunkt wurde Ablenkung durch Musik oder andere mobile Medien, durch Bücher und durch Gespräche schon oftmals aufgegriffen. Auch in einer Extremsituation wie dieser sollten Sie sich bewusst sein, dass Ablenkung hilft, Sorgen und Ängste in den Hintergrund zu drängen.

> Vergessen Sie niemals, dass Ihre Emetophobie zu den irrationalen Ängsten gehört und Sie sich in keiner objektiven Lebensgefahr befinden.

Auch, wenn Sie sich im Ernstfall womöglich so fühlen, als würden Sie die Situation nicht unbeschadet ertragen, können Sie versuchen, sich vom eigentlichen Geschehen abzukapseln. Wenn Sie, wie im Beispiel, im Bus stehen und keine andere Wahl haben, als Ihre Ängste zu ertragen, ist es hilfreich, Ihre betroffenen Sinne anderweitig zu reizen: ob mit Kopfhörern, einem Pfefferminzkaugummi oder durch das Scrollen durch die sozialen Medien. Vielleicht führen Sie immer eine Lektüre mit sich, in der Sie lesen können? Wenn Sie es schaffen, Ihren Fokus von dem Geschehen abzuwenden, ist Ihnen in den meisten Akutfällen kurzfristig geholfen, sodass Sie sich bei der nächsten Gelegenheit von der Szenerie entfernen können.

• **Schließen Sie die Augen und halten Sie die Luft an**

Was zunächst merkwürdig erscheint, wird im Akutfall zu einer hilfreichen Strategie. Wenn jemand in Ihrer unmittelbaren Nähe erbricht, halten Sie die Luft an oder atmen Sie flach durch den Mund. Achten Sie darauf, möglichst wenig durch die Nase einzuatmen, um dem sauren Geruch von Erbrochenem bestmöglich auszuweichen. Verschließen Sie zusätzlich die Augen, um sich nicht visuell mit Ihren Ängsten zu belasten, und warten Sie auf den passenden Moment, sich zurückzuziehen.

In einer Situation wie aus dem Busbeispiel werden Sie vermutlich die zähen Sekunden zählen – doch versuchen Sie dennoch, sich auch anderweitig abzulenken. Konzentrieren Sie sich auf die Klänge Ihrer Umwelt und vermeiden Sie es, den beistehenden Fahrgästen zuzuhören. Womöglich unterhalten sich die Schaulustigen nämlich über das, was Sie verdrängen möchten. Starten Sie gegebenenfalls selbst eine Konversation – etwa mit Ihrem Telefon oder mit Menschen, die Sie umgeben.

Wie können Sie gegen Ihre eigene Übelkeit und Ihr Unbehagen bestehen?

Die meisten Menschen erleben Angst auch auf körperlicher Ebene – und bei einer Angststörung wie der Emetophobie ist das psychosomatische Erleben potenziell allgegenwärtig.

Fühlen Sie sich an manchen Tagen so unwohl, dass es Ihnen die gesamte Lebensfreude raubt? Eventuell nehmen Sie Medikamente ein, um gegen die Symptome anzukämpfen, oder verzichten darauf, am alltäglichen Leben teilzunehmen, weil Sie sich lieber abschotten.

Für Phobie-Betroffene ist noch dazu das Risiko hoch, plötzlich von ihrer Angst überrumpelt zu werden. Auch, wenn sich Ihre Symptome über den Tag zurückgehalten haben, braucht es oft nur einen bestimmten Trigger, der Ihnen Ihre Emetophobie ins Bewusstsein zurückruft. Im schlimmsten Fall passiert das inmitten des alltäglichen Lebens und kann einen schönen Tag zunichtemachen.

Was können Sie tun?

- **Testen Sie CBD**

CBD? Was soll das sein? Wenn dies Ihre erste Reaktion auf diesen außergewöhnlichen Tipp ist, sind Sie sicherlich nicht die einzige Person mit dieser Reaktion.

CBD ist die Kurzform des Begriffs Cannabidiol, einem nicht psychoaktiven Wirkstoff der Cannabispflanze. Nicht psychoaktiv bedeutet vereinfacht, dass Sie nicht befürchten müssen, durch die Einnahme high – benebelt bzw. in ihrer Wahrnehmung beeinflusst – zu werden.

2015 stellte die American Society for Experimental Neuro Therapeutics anhand von insgesamt 49 unabhängigen klinischen wie nicht klinischen Studien fest, dass Cannabidiol positive Wirkungen auf Angstpatienten zeigt. Auch Betroffene sprechen von verminderter Übelkeit und gedimmter Angst.

In Deutschland ist Cannabidiol als nichtverschreibungspflichtiges Rezepturarzneimittel in den Apotheken erhältlich. Das bedeutet im Wesentlichen, dass die „Rezeptur" auf Nachfrage für Sie in den Apotheken angefertigt wird.

Dieselbe Studie belegte außerdem, dass die kurzfristige Einnahme im Gegensatz zu anderen beruhigenden Substanzen aus der Schulmedizin sicher und nahezu nebenwirkungsfrei ist. Langfristige Folgen sind zu diesem Zeitpunkt noch Gegenstand laufender Forschungen.

- **Trinken Sie Kräutertees**

Es klingt banal, doch einige Tees haben eine beruhigende Wirkung auf Ihren Magen.

Wenn Ihnen zum Erbrechen zumute ist, können Sie auf Ingwer-, Pfefferminz-, Kamillen- oder Fencheltee zurückgreifen. Im Supermarkt und der Apotheke finden Sie weitere magenberuhigende Mischungen, die Sie im Zweifelsfall auch online bestellen können.

Doch warum sollten es gerade diese Teesorten sein? Vor allem, wenn Sie Tee normalerweise meiden oder nur selten trinken, sind Sie womöglich versucht, im Supermarkt eine zufällige Kräuterteemischung auszusuchen und zu trinken.

Dabei handelt es sich bei den genannten Sorten um bewährte Heilmittel: Ingwer und Fenchel sind verdauungsfördernd. Der entzündungshemmende Ingwer und der muskelentspannende Fenchel helfen bei Magenkrämpfen, während Kamille und Pfefferminz eine beruhigende Wirkung auf Sie und Ihren Verdauungstrakt haben.

Am besten eignen sich für Tees immer frische Zutaten. Diese sind nicht nur am effektivsten, sondern sind frisch aufgeschnitten in Ihrer Reinform. Auch in Hinsicht auf Ihre Emetophobie hat dies den entscheidenden Vorteil, dass Sie sich keine Sorgen um die Inhaltsstoffe machen müssen.

Ingwerwurzeln erhalten Sie in fast jedem Supermarkt und auch Fenchel (-samen) sind oft dort erhältlich. Kamille und Pfefferminze lassen sich vorgezüchtet im Lebensmittel- und Pflanzenhandel kaufen, sodass Sie sie einfach zuhause anbauen und die Blätter bei Bedarf frisch pflücken können.

Auf diese Weise können Sie prophylaktisch Ihre eigenen, frischen Kräuterteesorten anbauen, die Sie im Akutfall mehrmals täglich genießen sollten (mindestens 3 Tassen). Dafür schneiden Sie die Zutaten in Scheiben und lassen sie für 5 bis 10 Minuten verdeckt in aufgekochtem Wasser ziehen.

ⓘ

Auch mit Honig und Zucker verfeinert entfalten diese Tees Ihre Wirkung. Einzig bei Kamillentees sollten Sie das Wasser einen kurzen Moment abkühlen lassen, damit es die Wirkstoffe der Pflanze nicht übererhitzt.

Regelmäßiger Teekonsum außerhalb Ihrer Krankheits- und psychosomatischen Phasen kann Ihren Magen und Ihre Verdauung langfristig unterstützen. Sogar gegen Schwangerschaftsübelkeit ist Ingwertee ein bewährtes Mittel!

- **Setzen Sie sich und atmen Sie durch!**

Da Emetophobie Ihr allgegenwärtiger Begleiter ist und mitunter unerwartet oder auch plötzlich zu starken psychosomatischen Beschwerden führen kann, sollten Sie individuelle Tricks für den Akutfall finden.

Wenn Ihre Übelkeit Sie plötzlich zu überrumpeln droht, suchen Sie sich eine Sitzgelegenheit und fassen Sie Ihren Atem. Atmen Sie kontrolliert ein und aus und vermeiden Sie, in hektische und flache Atmung zu verfallen, die Ihr inneres Stresslevel zuspitzt. Auch bei eigener Übelkeit kann es helfen, die zuvor genannten Tricks in Betracht zu ziehen:

Zählen Sie von einhundert abwärts und versuchen Sie, Ihre innere Ruhe zu bewahren – denn auch bei eigener Übelkeit lässt sich eine Art Aufschaukelungsprozess beobachten. Je panischer Sie werden, desto akuter werden Ihre Symptome! Und Panik kann vor allem dann auftreten, wenn Sie sich von Ihrer körpereigenen Reaktion überrumpelt fühlen.

Vielleicht fragen Sie sich, weshalb Ihnen plötzlich unwohl ist. Haben Sie doch etwas Falsches gegessen? Werden Sie sich jeden Moment erbrechen? All diese Befürchtungen und Gedanken können sich rasch überschlagen.

- **Konzentrieren Sie sich auf die Gegenwart**

Vor allem, wenn sich Ihre Gedanken im Zuge plötzlich auftretender Symptome überschlagen, ist es deutlich hilfreicher, gedanklich in der Gegenwart zu sein und nicht in schreckliche Zukunftsängste zu verfallen. Sie haben jetzt gerade eine Panikattacke oder leiden jetzt gerade an Übelkeit. Sorgen Sie sich nicht um die nächsten Augenblicke und versuchen Sie, sich zu vergegenwärtigen, dass plötzlich auftretende Übelkeit und Panik ohne Begleiterscheinungen zu großer Wahrscheinlichkeit Symptome Ihrer Angsterkrankung sind und akute Beschwerden in den nächsten Momenten abebben werden.

Verfallen Sie nicht in Vorstellungen Ihres eigenen Erbrechens – auch, wenn diese Gedanken ganz automatisch in Ihrem Kopf aufkommen könnten. Stattdessen sollten Sie sich auf Ihr momentanes Körpergefühl konzentrieren.

Wenn Sie stark speicheln (in der Fachsprache spricht man von Hypersalviation), kann es helfen, den überflüssigen Speichel auszuspucken, um das Bedürfnis des abrupten Erbrechens zu mindern. Das bietet sich vor allem dann an, wenn der Schluckprozess Ihren Brechreiz bei Übelkeit normalerweise anstachelt. Auf diese Weise können Sie Ihrem eventuellen Brechreiz entgegentreten, sollten Sie nicht in der Lage dazu sein, sich von negativen Zukunftsbefürchtungen zu distanzieren.

- **Gehen Sie an die frische Luft, aber vermeiden Sie körperliche Anstrengung**

Frische Luft hilft nicht nur gegen Stress und psychische Ausgelaugtheit, sondern auch gegen Übelkeit jeglicher Art. Egal, ob Ihnen körperlich bedingt oder aufgrund Ihrer Angststörung schlecht ist, versuchen Sie, frische Luft zu atmen. Wenn Sie sich elend fühlen und nicht rausgehen möchten, ist dies kein Problem, denn auch, wenn Sie im Bett liegen und das Zimmer am liebsten nicht verlassen würden, reicht es aus, das Fenster zu öffnen und zu lüften.

Sie müssen auch keine langen Spaziergänge tätigen, in der Hoffnung, dass es Ihnen danach besser geht – vor allem, wenn Ihre Übelkeit psychosomatisch bedingt ist, ist die Wahrscheinlichkeit hoch, dass dieses Vorhaben in einer Horrorvorstellung mündet. Doch vielleicht fühlen Sie sich in der Lage dazu, die Haustür aufzumachen oder sich in den Garten oder auf den Balkon zu setzen?

Zuhause haben Sie den Vorteil, dass Sie sich, im Extremfall, in die Toilette übergeben oder sich ins Bett legen könnten, wenn die Symptome nicht mehr aushaltbar zu sein scheinen.

Behalten Sie im Hinterkopf, dass sich Ablenkung und Bewegung an der frischen Luft gegen Übelkeit und Unwohlsein bewähren, zu hohe körperliche Anstrengungen allerdings negative Auswirkungen auf Ihren Ist-Zustand haben.

Was genau zu hohe körperliche Anstrengung bedeutet, ist individuell und hängt von Ihrem allgemeinen Gesundheitszustand ab. Achten Sie daher besonders auf die Zeichen, die Ihnen Ihr Körper gibt – wenn dem einen das Treppensteigen zu viel erscheint, könnte der andere noch um den Häuserblock joggen.

Scheint alles, was Sie berühren, potenziell übelkeitsauslösend?

Oft wird Emetophobie fälschlicherweise als Germo- oder Mysophobie diagnostiziert. Leiden auch Sie unter der Befürchtung, dass jede Oberfläche, die Sie berühren, Auslöser für Übelkeit und Krankheit sein könnte? Ob zuhause der Toilettendeckel oder der Türgriff im Parkhaus – viele Betroffene tragen immer ein Fläschchen Desinfektionsmittel bei sich oder suchen wiederholt das Badezimmer auf, um sich die Hände zu waschen.

Die ständige Nervosität im Angesicht der Außenwelt kann das Leben stark beschränken. Nicht nur Einladungen in fremde Wohnungen können sie belasten. Im Alltag sind wir ständig auf unsere Hände angewiesen. Ob es Türen sind, Lebensmittel im Supermarkt oder die Eiscreme, die Kollegen Ihnen aus dem Kühlregal mitgebracht haben. Wer unter Emetophobie leidet, mag sich womöglich nicht einmal dann auf eine Parkbank setzen, wenn ihm die Füße schmerzen. Nur ein kurzer Griff ins Gesicht könnte dann genügen und eine Akutreaktion der Angst hervorrufen. Und auch, wenn Sie alles in Ihrer Macht Stehende tun, um Ihre innere Unruhe zu besänftigen, ist die Wahrscheinlichkeit hoch, dass die Bedenken bereits nach kurzer Zeit zurückkommen.

Was können Sie tun?

- **Greifen Sie zu Desinfektionsmittel, Einweghandschuhen und Maske**

Das vermutlich Naheliegendste ist, zu mobilen Hilfsmitteln zu greifen, die Sie immerzu mitführen und nutzen können, sollten Ihnen die Einflüsse der Außenwelt über den Kopf wachsen. Am einfachsten ist dies mit kleinen Fläschchen Desinfektionsgel, medizinischen Masken und Einweghandschuhen.

Während der Coronapandemie waren Desinfektionsgele und Masken in jedem Supermarkt, wenn nicht sogar in jedem Kiosk erhältlich. Und obwohl die Angst der Pandemie allmählich nachgelassen hat, kann man beides nach wie vor in den großen Supermärkten einkaufen – und wenn nicht dort, dann im Standardsortiment der Drogeriemärkte. Einweghandschuhe finden Sie meist in der Putz- und Hygieneabteilung der Geschäfte. Decken Sie sich ein und verstauen Sie immer einen kleinen Vorrat in Ihrer Handtasche oder dem Auto. Wenn Sie das nächste Mal einkaufen oder in die Stadt gehen, greifen Sie zu Einweghandschuhen und einer Maske und desinfizieren Sie Ihre Hände nach dem Einkauf oder nachdem Sie die Produkte eingeladen haben. Doch praktisch sind die Hilfsmittel nicht nur in der Außenwelt. Auch bei sich zuhause oder bei Freunden können Sie auf sie zurückgreifen – beispielsweise bei der Verarbeitung von Lebensmitteln oder beim Aufräumen fremden Drecks. Waren Ihre Freunde mit Kindern zu Besuch? Vor allem, wenn sie noch klein und unordentlich sind, ekelt man sich schnell vor allem, was sie berührt haben. Sich dagegen auszusprechen, bringt in den meisten Fällen nichts. In unangenehmeren Fällen kann es auch passieren, dass die Eltern des Kindes womöglich schlecht reagieren oder Ihnen gar böse Absichten unterstellen. Sprüche wie „So sind Kinder halt, reg dich nicht auf" können dann schnell zu noch stärkeren emotionalen Belastungen führen. Vor allem, wenn Ihr Freundeskreis Ihre Angststörung nicht kennt oder kein Verständnis aufbringen kann bzw. will, werden Sie zudem mit hoher Wahrscheinlichkeit wortwörtlich allein im Chaos (sowohl emotional als auch räumlich) zurückgelassen.

Wenn Sie den Schauplatz am liebsten gar nicht mehr berühren möchten, können Einweghandschuhe Ihnen ein wenig des Unwohlseins abnehmen. Obgleich sie Ihr Ekelgefühl in dieser Situation vermutlich nicht mindern können, könnten sie Ihnen doch ein wenig Sicherheit verschaffen – besonders dann, wenn Ihre Emetophobie Sie dahingehend einengt, dass alles Fremde mit hoher Wahrscheinlichkeit mit Bakterien und Keimen kontaminiert ist. Hier geben Ihnen Einweghandschuhe Sicherheit und Distanz zu möglichen Triggern. Wenn Sie sonst darunter leiden, keine Kontrolle über Ihre Situation zu haben, können sie helfen und innere Ruhe bringen.

Besonders in akuten Phasen kann Ihre Angsterkrankung zu Unbehagen im Angesicht möglicher Keime führen. Stehen Sie gelegentlich in einem frisch geputzten Badezimmer und mögen trotzdem nichts berühren? Gelegentlich wird der Raum, der für Sauberkeit und Hygiene steht, zu dem Ort, den Sie am wenigsten betreten wollen – vor allem, wenn Sie sich außerhalb Ihrer eigenen vier Wände befinden.

Hier können Einwegfläschchen mit Desinfektionsmitteln helfen. Desinfizieren Sie, was Sie berühren möchten, und töten Sie mögliche Keime ab. Besonders Toilettenbrillen und Deckel sind scheinbar potenzielle Überträger für Magen-Darm-Erkrankungen. Nutzen Sie das Angebot kleiner Sprühfläschchen, die es in vielen Drogerie- und Allzweckgeschäften in verschiedenen Stärken zu kaufen gibt, und eliminieren Sie mögliche Erreger vor unmittelbarem Hautkontakt.

Stellen Sie diverse Hilfsmittel in Ihrem Eigenheim bereit, um im Akutfall schnell und direkt an sie heranzukommen. Neben hochdosierten Desinfektionsflaschen gibt es beispielsweise Desinfektionstücher, die Sie griffbereit in der Küche platzieren können. Probieren Sie sich aus! Gibt es Orte, an denen Sie sich oft von Ihrer Emetophobie überwältigt fühlen, weil Dreck und ekelerregende Oberflächen Sie zu umgeben scheinen? Vielleicht ist der dreckige Keller zu einem Ort geworden, den Sie am liebsten nie wieder betreten würden? Umso schlimmer wird die Erfahrung sein, wenn die Umstände Sie dazu zwingen, hineinzugehen. Es ist ratsam, sich langfristig mit dem Problem auseinanderzusetzen und vorzusorgen. Einerseits handelt es sich um eine Möglichkeit, Lebensqualität zurückzugewinnen, andererseits sorgt das kurz- und mittelfristige Nutzen von Räumlichkeit dafür, dass bestimmte Ängste nicht derart ausgeprägt entstehen können.

Ignorieren Sie dabei nicht, dass es sich hierbei um keine dauerhafte Lösung handelt und Sie Ihrer Emetophobie auf diese Weise entgegenkommen. Was als kurz- und mittelfristige Bewältigungsstrategie hilft, kann langfristig zu einer Verstärkung Ihrer Symptome führen.

Zusätzlich machen Sie sich von Hilfsmitteln abhängig und können schnell in eine Bredouille geraten, sollte Ihnen einmal etwas fehlen.

- **Treffen Sie Absprachen mit Ihren Freunden und Kollegen**

Dieser Tipp bedeutet, über Ihren Schatten zu springen. Weiß Ihr Freundeskreis über Ihre Angsterkrankung Bescheid? Die Angst vor dem Erbrechen zählt zu den Phobien, die nicht nur durch sich selbst verursacht und getriggert werden. Machen Sie sich bewusst, dass es nicht bedeutet, anderen Ihren Lebensstil aufzuzwingen, wenn Sie sie an Ihrer Krankheit teilhaben lassen. Stattdessen können bereits einfache Absprachen helfen, Ihre Unsicherheiten bezüglich Kontaminierung und Hygiene zu ebnen.

Denken Sie über das oben genannte Beispiel nach:

Ihr Kollege hat Ihnen ein Eis aus dem Kühlregal mitgebracht. Auf dem Weg zu Ihnen hat er freundlicherweise die Folie entfernt und hält Ihnen das Eis fertig verzehrbar entgegen. Hätte er von Ihrer Erkrankung gewusst, hätte er Ihnen das Eis vermutlich verpackt mitgebracht, um Ihre Zweifel zu mindern.

Vor allem Menschen, die uns am Herzen liegen, wollen wir etwas Gutes tun, indem wir ihnen ihr Leben erleichtern. Diese Erleichterungen sind für Sie als Betroffener aber womöglich alles andere als erleichternd. Deswegen ist es wichtig, die Menschen in Ihrem nahen Umfeld darin einzuweihen, was Ihnen guttut und was Sie unwohl werden lässt. Auf diese Weise zwingen Sie niemanden dazu, seinen gesamten Lebensstil anzupassen. Behalten Sie vor Augen, dass viele Dinge, die Ihnen in Ihren akuten emetophoben Perioden unbezwingbar erscheinen, für Nicht-Betroffene nur wenige zusätzliche Handgriffe bedeuten. So lässt sich ein verpacktes Eis womöglich deutlich leichter für Sie verzehren als ein unverpacktes, von dem Sie nicht wissen, mit welchen Keimen es in Kontakt geraten sein könnte. Ihnen fällt ein Stein vom Herzen und Sie sind Ihrem Kollegen aufrichtig dankbar für seine Rücksichtnahme. Aus der Sicht Ihres Kollegen hat er die Folie nicht entfernt, die Sie daher selbst zum Mülleimer bringen müssen. Auf Sie Rücksicht zu nehmen, hat den Gefallen, den er Ihnen tun wollte, weder erschwert noch vereinfacht. Kurze Absprachen zu halten, kann Ihnen auf diese Weise viel Lebensqualität und Freude zurückgeben.

Aber auch darüber hinaus bietet es viele Vorteile, wenn andere über Ihre Krankheit Bescheid wissen: Womöglich stört es Ihre Freunde nicht, in der

Stadt Türen zu öffnen, das Geld in die Hand zu nehmen und beim gemeinsamen Einkauf den Wagen oder Korb zu tragen. Doch warum sollten sie das tun, wenn Sie in ihren Augen ebenfalls keine Probleme damit haben sollten? Warum sollten Ihre Freunde ihre Jacken direkt an den Kleiderhaken neben der Tür hängen statt über den Stuhl in Ihrer Küche?

Die Devise ist: Viele Kleinigkeiten, die Ihre Emetophobie triggern und Sie tage- und wochenlang mit starkem Unwohlsein zurücklassen, können durch offene Kommunikation mit Ihrem engen Umfeld verhindert werden.

Auswirkungen auf soziale Beziehungen

Unter einer Emetophobie-Erkrankung leidet das gesamte Leben – am meisten aber Sie selbst und Ihr Umfeld. Merken Sie möglicherweise, dass Sie sich immer weiter von Ihrem sozialen Umfeld abkapseln? Sehen Sie Ihre alten und geliebten Freundschaften an Ihrer Angststörung zerbrechen? Als Betroffener fühlen Sie sich in den meisten Fällen machtlos – und Angehörige können manchmal ebenfalls nicht viel tun, um Ihnen zu helfen.

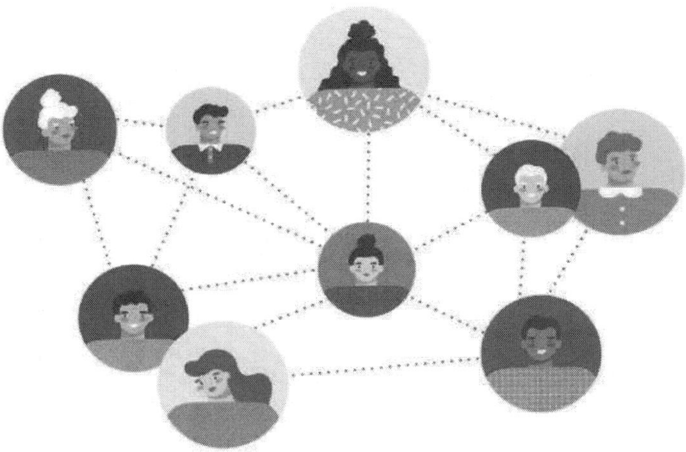

Während es für Sie in dieser besonderen Situation unabdingbar ist, Freunde auszusortieren und sich mit Menschen zu umgeben, die Ihnen guttun, sind die Auswirkungen Ihrer Krankheit auf Ihr Sozialleben auch auf allen weiteren Ebenen förmlich zermürbend. Denn wenn Sie sich abkapseln, verlieren Sie nicht nur Freunde, sondern lernen auch keine neuen Menschen mehr kennen. Im schlimmsten Fall sind Sie schließlich ohne jegliche Sozialkontakte völlig auf sich allein gestellt. Glücklicherweise können Sie aber dagegen ankämpfen.

Wie können Sie soziale Isolation verhindern?

Haben Sie Angst vor den Lebensumständen Ihrer Mitmenschen?

Trauen Sie wegen Ihrer Emetophobie niemandem mehr über den Weg? Möchten Sie keine neuen Kontakte ausbauen, weil Ihnen das Risiko zu hoch ist?

Womöglich schwirrt Ihnen der Kopf, wenn Sie an Ihre neue Bekanntschaft denken: Wie ist die Person, die ich kennengelernt habe, privat? Wie verhält sie sich in meiner unmittelbaren Umgebung, womöglich bei mir zuhause?

Welche Kniffe gibt es, um langsam Vertrauen in fremde Lebensumstände zu entwickeln?

- **Lernen Sie eine Person erst richtig kennen, bevor Sie sich im privaten Umfeld mit ihr treffen.**

Im Wesentlichen bedeutet das: Lassen Sie keine fremden Menschen in Ihre eigene Wohnung und gehen Sie nicht das Risiko ein, mit fremden Menschen mitzugehen, die Sie nicht einschätzen können. Neben den klassischen Orten, an denen man sich mit neuen Bekanntschaften austauscht, gibt es viele weitere Möglichkeiten, die Ihnen trotz Emetophobie Sicherheit verschaffen können.

Denn nur, weil Sie Angst vor den Lebensumständen anderer haben, heißt dies nicht, dass Sie ganz auf neue Kontakte verzichten sollten – denn womöglich verpassen Sie so viele Freundschaften mit Menschen, in deren Umfeld Sie sich hätten wohlfühlen können.

Anstatt sich ganz aus dem sozialen Leben zurückzuziehen, sollten Sie lernen, Ihre Mitmenschen einzuschätzen. Am besten eignet es sich hierfür, einen Ort aufzusuchen, der nicht Ihr Rückzugsort ist. Anstatt Ihre neue Bekanntschaft zum Kaffee bei sich zu Hause einzuladen, sollten Sie kreativ werden: Womöglich können Sie sich außerhalb treffen, sodass Sie sich ein erstes genaueres Bild machen können. Hierzu eignen sich Orte, mit denen Sie vertraut sind und an denen Sie Ihre emetophobischen Symptome einschätzen können.

Warum sollten Sie dann Ihr Zuhause meiden?

Gehen Sie in sich. Stellen Sie sich vor, dass sich Ihr Besuch, den Sie zuvor nur einmal bei Freunden von Freunden gesehen haben, selbst eingeladen hat. Aus Höflichkeit wollten Sie nicht ablehnen. Nun steht diese Person, die Sie eigentlich gar nicht kennen, in Ihrem Hausflur. Dreckige Schuhe, Schnupfen ... Die Hände wäscht sie sich auch nicht, sondern macht es sich in Ihrer Wohnung – Ihrem Rückzugsort – heimisch und gemütlich. Selbst wenn Sie sich dazu überwinden würden, das Treffen vorzeitig abzusagen, bleiben Sie in einer völlig kontaminierten Umgebung zurück. Hat sich in dieser Situation womöglich eine Panikattacke angebahnt? Ekeln Sie sich jetzt womöglich sogar davor, Ihren eigenen Küchentisch zu berühren?

Obwohl dies das denkbar schlimmste Horrorszenario für Sie als Betroffener ist, kann die Angst davor wesentlich dazu beitragen, dass Sie neue Bekanntschaften meiden. Gerade deswegen ist es wichtig, neue Bekanntschaften nicht direkt in Ihren engsten Raum zu lassen. Lernen Sie die Menschen erst kennen, bevor Sie riskieren, dass Ihre Emetophobie durch unvorhergesehene Verhaltensweisen getriggert wird und sich die Panik auf Ihr gesamtes privates Umfeld ausweitet.

- **Beobachten Sie Verhaltensweisen und Aussagen Ihrer Mitmenschen.**

Während jemanden erst kennenlernen deutlich leichter klingt, als es ist, können Sie sich bereits beim ersten Treffen, aber auch beim zweiten oder sogar am Telefon oder im Chat auf einige Aussagen und Verhaltensweisen konzentrieren.

Wie tritt die Person auf? Empfinden Sie Ihren Gesprächspartner unangenehm, beispielsweise aufgrund seiner Körperhygiene oder dreckiger Kleidung?

> Natürlich können Sie eine Person nicht nach wenigen Minuten Beisammensein lesen und einschätzen lernen. Manchmal widersprechen sich das Verhalten und die Lebenseinstellungen sogar gänzlich. Deswegen sollten Sie Ihre Entscheidungen nicht nur auf Ihre Beobachtungen, sondern auch auf Ihr Bauchgefühl stützen oder offen über Ihre Emetophobie sprechen. Auch anhand des Verständnisses Ihres Gesprächspartners können Sie Rückschlüsse ziehen und Überlegungen anstellen, ob Sie den Kontakt vertiefen möchten.

Wenn Sie gemeinsam etwas essen oder trinken, können Sie ebenfalls aufmerksam darauf achten, wie der andere mit Lebensmitteln umgeht und dabei seine eigene Hygiene und die des Umfelds behandelt. Wischt er sich die Finger mit einer Servierte sauber oder schreckt er nicht davor zurück, Lebensmittelreste auf der Tischplatte zu verteilen, ohne sie aufzuputzen? Spricht Ihre neue Bekanntschaft vielleicht mit vollem Mund?

Wie reagiert sie, wenn Sie das Thema Hygiene anschneiden? Am besten tun Sie dies außerhalb des Kontextes Emetophobie, um eine möglichst unzensierte Meinung zu erhalten. Vielleicht sind es aber auch die Dinge außerhalb der Hygiene-Problematik, die Sie verunsichern. Isst Ihre neue Bekanntschaft verschiedene Lebensmittel durcheinander, die in Ihnen die Befürchtung aufkommen lassen, dass sie sich in den nächsten Augenblicken übergeben könnte? Beiläufiges Fragen kann Ihnen viel Aufschluss über die Magengesundheit Ihres Gegenübers geben. Ein Beispiel: „Verträgst du diese Lebensmittelkombinationen wirklich?"

Was für Sie beängstigend erscheint, wird womöglich mit einem raschen und unscheinbaren „Ja, ja, so esse ich das immer am liebsten!" gekontert.

In diesen Fällen sollten Sie versuchen, dieser Aussage zu glauben. Da Ihre Emetophobie irrational agiert, ist es naheliegend, dass Sie unbewusst versuchen, über den Gesundheitszustand anderer zu urteilen. Womöglich projizieren Sie Ihre Essgewohnheiten auf Ihr Umfeld und versuchen, es anhand dieser zu bewerten.

Stellen Sie sich stattdessen ein Beispiel außerhalb Ihrer Angsterkrankung vor: Ein Allergiker verträgt keine Nüsse. Ist das für ihn ein Grund, immer dann Herzrasen zu bekommen, wenn seine Mutter Erdnüsse konsumiert? Selbst, wenn die dunkle Befürchtung in ihm aufkeimt, geht es der Mutter gut, nachdem sie eine Tüte ihres Lieblingssnacks gegessen hat.

> ⓘ
>
> Versuchen Sie also immer, aus einer anderen Perspektive auf Ihr Umfeld zu blicken. Das heißt nicht, dass Sie sich konstant Ihren Mitmenschen zuliebe in unangenehme Situationen begeben sollen. Es ist lediglich eine Einladung dazu, zu versuchen, über den Tellerrand hinauszuschauen.

- **Laden Sie die Menschen zu sich oder an einen neutralen Ort ein.**

Womöglich haben Sie jemanden kennengelernt, den Sie gern wiedersehen würden. Oder Sie möchten jemanden kennenlernen, doch kommen nicht über das ungute Gefühl hinweg, was folgen wird, wenn sich die Beziehung festigt.

Eine zwischenmenschliche Beziehung besteht aus einem Geben und Nehmen und gelegentlich ist es unheimlich schwer, als Emetophobie-Betroffener an diesem Kreislauf teilzunehmen. Ist dies womöglich einer der Gründe dafür, dass Sie persönliche Kontakte meiden? Grault es Ihnen davor, nicht zu wissen, wie frisch die Lebensmittel in fremden Haushalten sind, wie sauber die Toilette ist und wie viele Keime sich auf fremden Tischplatten befinden?

Wenn Sie die Lebensumstände Ihrer Mitmenschen fürchten, kann es hilfreich sein, sie an einen neutralen oder Ihnen vertrauten Ort einzuladen. Wenn Sie sich sicher sind, dass der neue Kontakt keine akute Gefahr für Ihr Wohlbefinden darstellt und Verständnis für eventuelle Panikattacken im Zuge seiner Anwesenheit hat, laden Sie ihn zu sich ein. Sollte Ihnen die direkte Anwesenheit innerhalb Ihrer Wohnung Sorge bereiten, verlegen Sie den Besuch in den Garten und bitten Sie darum, sich nicht (übermäßig viel) in Ihren Räumlichkeiten aufzuhalten. Neben Gärten eignen sich auch für Sie erträgliche öffentliche Plätze für weitere Treffen. Vielleicht können Sie sogar den Mut fassen und bestimmte Regeln für das Betreten Ihres Hauses aufstellen, an die sich Fremde zu halten haben. Klingt das im ersten Moment überzogen? Vermutlich haben Sie zu einer Person, die Sie aktiv zu sich nach Hause einladen, ein gewisses Grundvertrauen. Inwiefern trauen Sie dem- oder derjenigen Verständnis zu? Grundsätzlich sollten Sie nur diejenigen in Ihre Privaträume lassen, von denen Sie ein Zusammensein auf Augenhöhe erwarten.

Wenn Sie sich nicht in eine offene Konfliktsituation begeben möchten, ist es hilfreich, Absprachen vor einem Treffen zu machen.

> Wenn es Ihnen unangenehm ist, müssen Sie Ihre Emetophobieerkrankung nicht mit fremden Menschen teilen, um bestimmen zu dürfen, wie sich in Ihrem Haus verhalten wird. Als Hausherr haben Sie immer die Entscheidungsgewalt.

Fällt es Ihnen schwer, neue Menschen kennenzulernen?

Wenn Ihnen der Gedanke an ein Treffen mit Fremden Übelkeit bereitet, erscheint das Kennenlernen neuer Bekanntschaften schier aussichtslos. Wenn jede Person, die Ihnen auf der Straße begegnet, einen grundsätzlichen Trigger darstellt, fehlen Ihnen vermutlich Mut, Kraft und Motivation dazu, jemanden anzusprechen. Nach Monaten und Jahren der sozialen Isolation sind Ihre Kommunikationsfähigkeiten womöglich zusätzlich beeinträchtigt und Sie fragen sich: Wie gehe ich überhaupt auf jemanden zu? Und wie spreche ich jemanden an, ohne Angst vor einer Panikattacke haben zu müssen?

Während dieser Ratgeber sich nicht mit zwischenmenschlichen Kommunikationsmodellen und -strategien auseinandersetzt, sondern mit Ihrem Leiden unter der Emetophobie, folgen zwei Wege, die es Ihnen vereinfachen können, neue Kontakte zu knüpfen:

- **Treffen Sie Gleichgesinnte**

Wenn es Ihnen aufgrund Ihrer Emetophobie schwerfällt, neue Menschen kennenzulernen, dann versuchen Sie, Gleichgesinnte zu treffen und sich mit ihnen auszutauschen. Sowohl im Internet als auch in Person gibt es verschiedene Treffen und Foren, in denen sich Betroffene austauschen und gegenseitig unterstützen.

> **Tipp:**
> In vielen Städten gibt es spezifische Selbsthilfegruppen für Betroffene. Durch eine Internetsuche können Sie herausfinden, ob dies auch auf Ihren Wohnort zutrifft.

Wenn Sie Fremde aufgrund Ihrer Angsterkrankung meiden, kann es sehr hilfreich sein, sich mit Menschen zu umgeben, die Ihr Leiden nachvollziehen und miterleben. Einerseits können Sie sich austauschen, um mehr über Ihre Emetophobie und sich selbst zu verstehen, andererseits können Sie in einem selbstgewählten und mutmaßlich sicheren Umfeld wiedererlernen, auf Ihre Mitmenschen zuzugehen und Ihre Ängste nach und nach zu besiegen.

- **Lernen Sie Menschen online kennen**

Das Praktische an der Digitalisierung ist, dass Sie heute nicht mehr dazu gezwungen sind, Menschen persönlich kennenzulernen. Sie müssen keine Panikattacken mehr fürchten, wenn Sie in Chatportalen nach einem freundlichen Miteinander suchen. In den sozialen Medien, wie Facebook, X (früher Twitter), Instagram und Co., finden sich unzählige Personen, die ebenfalls ungern persönlich neue Kontakte knüpfen – die Gründe hierfür können so unterschiedlich und individuell sein wie Ihre eigenen. Außerdem ist Online-Dating immer mehr Menschen ein Begriff.

Online können Sie offen über Ihre Emetophobie sprechen und Absprachen treffen, bevor es zu einem persönlichen Treffen kommt. Sie können die Gewohnheiten Ihrer Gesprächspartner kennenlernen und sich einen ersten Eindruck verschaffen. Können Sie sich vorstellen, denjenigen oder diejenige persönlich kennenzulernen? Nein? Dann bietet das Internet im schlimmsten Fall die Möglichkeit, unterzutauchen, ohne sich nachträglich angreifbar zu machen.

Überhaupt ist das Internet ein Ort, an dem Sie entscheiden, wie viel Ihr Gegenüber über Ihre Trigger erfährt und wie verletzlich Sie sich zeigen möchten. Vor allem, wenn Sie aufgrund Ihrer Emetophobie ein schlechtes Selbstvertrauen oder Selbstwertgefühl entwickelt haben, können Sie sich gewissermaßen aussuchen, wie viele Ihrer Symptome Sie mit einem völlig Fremden teilen.

Da Emetophobie Sie in Ihrem Alltag stark beeinträchtigt, müssten Sie bei einem persönlichen Treffen deutlich direkter und offener über jene Angsterkrankung sprechen, die Ihnen womöglich nicht nur unangenehm, sondern sogar peinlich ist. Wenn Sie den persönlichen Kontakt zunächst vermeiden, können Sie womöglich wieder Spaß daran finden, Fremde kennenzulernen und neue Freundschaften zu schließen.

Leiden Ihre Freundschaften unter Ihrer Angststörung?

Wer an Emetophobie erkrankt ist, hat mitunter nicht nur Schwierigkeiten damit, neue Menschen kennenzulernen. Viel belastender kann es sein, wenn bestehende, teils langjährige Freundschaften an der Angststörung zu Bruch gehen und sich alle Beteiligten völlig machtlos sehen. Wie können Sie Ihre Freundschaften trotz Angststörung pflegen und Kontakte langfristig bestmöglich erhalten?

• **Weihen Sie Freunde und Familie in Ihre Emetophobie ein**
Wenn Sie sich in akuten Angstphasen befinden, stoßen Sie schnell auf Unverständnis: Menschen in Ihrem Umfeld, die Ihre Emetophobie zum ersten Mal in ihren Hochphasen erleben, meiden womöglich den Kontakt zu Ihnen. Die Gründe dafür können vielfältig sein, z. B., weil sie

○ nicht wissen, was los ist;

○ nicht wissen, wie sie mit Ihnen umgehen sollen;

○ sich sorgen, etwas falsch gemacht zu haben, wenn Sie plötzlich überempfindlich auf Dinge reagieren, die zuvor normal waren.

Ratsam ist es, offen mit Ihrem sozialen Umfeld zu kommunizieren. Vor allem vor gemeinsamen Events und Plänen, aber auch zu gegebenen akuten Anlässen, wie dem gemeinsamen Spieleabend, sollten Sie darauf achten, niemanden im Dunkeln tappen zu lassen, wenn Sie sich nicht wohlfühlen oder Ihnen die Situation über den Kopf wächst.

Auch, wenn Sie Distanz suchen, sollten Sie dies kommunizieren. In einer Stresssituation, die so schwerwiegend ist, wie eine Ihrer akuten Angstphasen, kann dies überwältigend wirken – doch spätestens, wenn die ersten SMS oder Briefe eintrudeln, in denen sich Ihre Freunde und Familie um Sie sorgen, sollten Sie sich zu einer raschen Erklärung aufrappeln. Auch eine knappe Antwort ist wertvoller als plötzlich ganz unterzutauchen, bis Sie sich besser fühlen.

Wenn Sie mit Ihrer eigenen Situation zu überfordert sind, kann es manchmal hilfreich und ratsam sein, sich für eine gewisse Zeit etwas zurückzuziehen. Seien Sie sich im Klaren, dass der Freund, von dem Sie sich distanzieren, auch wissen sollte, weshalb Sie ihn meiden. Im schlimmsten Fall macht er sich Selbstvorwürfe oder bricht den Kontakt gänzlich zu Ihnen ab, weil er glaubt, Ihnen damit etwas Gutes zu tun. Stellen Sie also klar, dass es nichts mit der Person an sich zu tun hat – Sie benötigen lediglich eine Auszeit für sich selbst.

Wenn Sie offen über Ihre Symptome sprechen, kann dies Ihre Freundschaften nur stärken: Einerseits wirken Sie durch Ihre Offenheit wie ein ehrlicher Mensch und zeigen Ihren Angehörigen, dass Sie ihnen vertrauen und sie Ihnen wichtig sind, andererseits sind klare und ehrliche Meinungen ein Zeichen dafür, dass auf Sie Verlass ist.

• **Planen Sie Treffen im Voraus**
Überraschungsbesuche und plötzliche gemeinsame Ausflüge erschlagen Sie? Dann machen Sie deutlich, dass Sie kein Interesse daran haben. Planen Sie Aktivitäten langfristig vor, damit Ihnen genügend Zeit dazu bleibt, sich darauf einzustellen und vorzubereiten.

Sprechen Sie Lokale und Treffpunkte gemeinsam ab und treffen Sie Kompromisse: Wenn Ihre größten Trigger fremde Menschen sind, setzen Sie sich dafür ein, dass Sie den Ausflug an einen weniger besuchten Ort verlegen.

Macht Ihnen die Möglichkeit, sich an Schmutz und Keimen eine Mageninfektion zuzuziehen, am meisten zu schaffen, sprechen Sie diesen Punkt an.

Sie sollten Ihre Freunde nicht ständig dazu drängen, alles nach Ihren Wunschvorstellungen auszurichten – vor allem nicht, wenn Sie sich in keiner akuten Angstphase befinden. Der Grund dafür ist einfach: Dieses Verhalten kann für Ihre Mitmenschen schnell anstrengend sein, sodass Sie schließlich gemieden oder bei Ihrer Freundesgruppe außen vor gelassen werden.

> Achten Sie auf ein ehrliches und einvernehmliches Miteinander und trauen Sie sich, gegebenenfalls nein zu sagen.

Wenn Ihre Freunde oder Familie ein Event vorschlagen, bei dem Sie sich zu hoher Wahrscheinlichkeit unwohl fühlen – beispielsweise der Besuch eines Buffets in einem Restaurant, das seit Jahren empfohlen wird –, dann klinken Sie sich aus, ohne Risiken einzugehen. Wenn Sie Panikattacken erleiden oder sich unwohl fühlen, wirkt sich das ebenfalls auf Ihr Umfeld aus.

Daher ist es besser, eine klare Grenze zu ziehen, wenn ein Event mit dem tatsächlichen Standort oder dem tatsächlichen Angebot zusammenhängt. Wenn der Ausflug auf speziell dieses Lokal abzielt, sagen Sie für sich ab.

Schlagen Sie eventuell ein neues Treffen an einem anderen Ort vor und wünschen Sie Ihrem Freundes- und Familienkreis einen angenehmen Abend. Auch, wenn Sie nicht persönlich erscheinen können, sollten Sie versuchen, an Gesprächen und Telefonaten teilzunehmen und aktiv Teil Ihrer sozialen Gruppe zu bleiben.

Eine persönliche Grenze zu setzen, bedeutet nicht, dass Sie sich anderen Menschen aufzwingen und ihr Verhalten kontrollieren.
Vielmehr werden Sie für sich selbst verantwortlich und lernen, nein zu sagen. Sie müssen nicht allen Ideen Ihres Umfeldes nachgeben, weil Sie niemanden belasten möchten, sollten aber auch niemanden dazu zwingen, sein Leben für Sie einzuschränken.

Stellen Sie sich zwei sich überschneidende Ellipsen vor: In der Mitte treffen sich die Interessen von Ihnen und Ihrem Umfeld. Gleichzeitig haben beide Parteien aber noch ein persönliches Feld – Ihres ist von Ihrer Emetophobie geprägt, das Ihrer Bekannten nicht. Versuchen Sie daher nicht, Ihre Ellipse mit der Außenstehender zu überdecken, sondern lernen Sie, Ihre persönlichen Limits rücksichtsvoll in die Beziehungen einzubauen.

Üben Sie das Grenzensetzen u. a., indem Sie sich im Vorfeld oder im Nachhinein mit einer Situation auseinandersetzen. Was hat Sie gestört oder belastet und was hat gut geklappt? Ist es Ihnen vielleicht schwergefallen, dass ungefragt Dritte zu Ihrer Verabredung eingeladen wurden? Dann sagen Sie beim nächsten Mal klar und deutlich „Nein".

- **Achten Sie auf ein verständnisvolles Umfeld**

Langwierige, irrationale Angsterkrankungen beinhalten vor allem einen entscheidenden Faktor, den Sie nicht außer Acht lassen sollten: Sie sind chronisch (dauern für nicht absehbare Zeit an) und können auch in einer Therapie Rückschläge bedeuten.

Deswegen sollten Sie sich nicht scheuen, Kontakte zu kappen, die Ihnen nicht guttun und die Sie nicht ernst nehmen. Verschwenden Sie keine Energien an Menschen, die Sie nicht schätzen, und konzentrieren Sie sich stattdessen darauf, die Kontakte zu pflegen, die Ihnen guttun und am Herzen liegen.

Urteilen Sie nicht zu schnell über die Ambitionen Ihres Umfelds. Womöglich sind Sie die einzige Person, die in Ihrem Freundeskreis unter einer Angststörung leidet. Außerdem ist Emetophobie im Allgemeinen eine der unbekannteren und unterschätzten Angsterkrankungen. Bevor Sie über Menschen urteilen, sollten Sie Ihnen die Möglichkeit geben, sich genauer mit Ihrem Krankheitsbild auseinanderzusetzen.

Beeinträchtigt Ihre Emetophobie Ihr Berufs- bzw. Schulleben?

- **Sprechen Sie mit Ihrem Vorgesetzten oder Ihrer Lehrkraft**

Womöglich ist die einzige Möglichkeit, ein notwendiges Übel abzuwenden oder zu vermindern, offen zu kommunizieren. Nehmen Sie Ihren Mut zusammen und sprechen Sie mit Ihren Kollegen und Vorgesetzten über Ihre Angststörung.

Bitten Sie um ein Büro oder einen Sitzplatz abseits des Trubels und um die Möglichkeit, die Fläche vor der Arbeitszeit beziehungsweise während des Unterrichts zu desinfizieren.

In der Schule können Sie Ihre Lehrkraft darum bitten, die Hygieneregeln ernst zu nehmen und Ihre Mitschüler auf ein verantwortungsbewusstes Miteinander aufmerksam zu machen. Bitten Sie um Triggerwarnungen zu bestimmten Themen. So nennt man Vorwarnungen vor spezifischen Inhalten, Reizen oder anstehenden Situationen. Nehmen Sie im Biologieunterricht den Vorgang des Erbrechens durch oder sezieren Sie Tiere? Besonders dann ist die Wahrscheinlichkeit hoch, dass Ihre Angststörung nicht nur bei Ihnen in eine Panikattacke ausartet, sondern auch Ekel in Ihren Mitschülern auslöst – was sich wiederum negativ auf Ihren Gemütszustand auswirkt.

Letztendlich haben Sie als Schüler deutlich größere Freiheiten als im Arbeitsleben. Nutzen Sie sie und geben Sie Ihre Sorgen weiter.

Am Arbeitsplatz sollten Sie ehrlich mit Ihrer Emetophobie umgehen und sowohl Ihren Vorgesetzten als auch die Kollegen um Verständnis bitten.

Um ein gesundes Arbeitsklima aufrechtzuerhalten, sollten Sie aber definitiv nicht versuchen, die gesamte Arbeitsumgebung umzukrempeln. Sprechen Sie die schlimmsten Trigger vor Ort diskret an und bedrängen Sie niemanden im Zuge der Panikattacken. Arbeiten Sie gemeinsam mit Ihren Kollegen und Vorgesetzten an einer positiven Arbeitsumgebung für alle Beteiligten.

Verfolgt Sie Ihre Phobie auf Schritt und Tritt? Wie Sie Ihre individuellen Bewältigungsstrategien entwickeln können

Trotz aller Vorsorgen, Tipps und Tricks ist Ihre Emetophobie ein Leiden, das Sie täglich konfrontiert und überallhin begleitet. Eine Angststörung besteht nicht nur aus den großen Hürden, sondern auch aus den individuellen Problematiken, derer Sie sich nur selbst bewusst sind.

Dieses Kapitel schließt mit allgemeinen Tipps ab, die Ihnen in jenen persönlichen Akutsituationen helfen sollen, die in diesem Ratgeber keinen eigenen Platz gefunden haben. Vermutlich haben Sie diese Erfahrung bereits gesammelt: Eine Angststörung wie die Emetophobie kann so allgegenwärtig sein, dass sie jeden Schritt und Gedankengang beeinflusst. Je nach Lebensumstand und -umfeld können diese Einflüsse anders aussehen und ausgeprägt sein, weswegen Sie sich individuell sortieren sollten. Was kann Ihnen bei Ihren persönlichen Bewältigungsstrategien behilflich sein?

- Überlegen Sie, inwiefern die Kommunikation mit Ihrem Umfeld ein akutes Leiden mindern kann. Dafür sollten Sie sich intensiv mit Ihren persönlichen Ängsten und Triggern auseinandersetzen.
- Behalten Sie im Hinterkopf, dass Menschen ohne Emetophobie einen anderen Blick auf die Welt haben. Versuchen Sie, Ihre Mitmenschen nachzuvollziehen, und vertrauen Sie auf Ihre Selbsteinschätzungen – vor allem zu Lebensmitteln und ihrer Verträglichkeit.
- Nehmen Sie Rücksicht auf sich selbst und Ihr Krankheitsbild. Handeln Sie immer innerhalb Ihrer persönlichen Grenzen.
- Manchmal braucht es Zeit. Setzen Sie sich nicht unter Druck und seien Sie sich selbst gegenüber nicht nachtragend, sollte es nicht sofort klappen.
- Viele Wege führen zum Ziel. Versuchen Sie, einen überwältigenden Umstand aus verschiedenen Perspektiven zu betrachten. Gibt es andere Möglichkeiten, ans Ziel zu gelangen? Beziehen Sie auch Ihr Umfeld in Ihre Überlegungen ein.
- Vergegenwärtigen Sie sich die Folgen Ihrer Handlungen. Vor allem, wenn Emetophobie Ihr Ess- und Sozialverhalten stark beeinträchtigt, kann es hilfreich sein, wenn Sie sich mit Ihren individuellen Grenzen auseinandersetzen.
- Versuchen Sie, positive Bilanzen zu ziehen und keine negativen Assoziationen zu bestimmten Bewältigungsstrategien aufzubauen. Gehen Sie keine Situation in einer negativen Umgebung an, vor der Sie sich grundsätzlich fürchten. Verbinden Sie diese Events möglichst mit positiven Umständen, um sich bestmöglich zu entspannen.

Die Toolbox zur Überwindung der Emetophobie

Nachdem Sie sich im letzten Kapitel genauer mit den Folgen der Emetophobie und akuten Alltagsstrategien auseinandergesetzt haben, ist der nächste Schritt, sich intensiv mit den Ursachen Ihrer Angsterkrankung auseinanderzusetzen, gesunde Bewältigungstechniken zu erlernen und in ein angstfreies Leben zurückzufinden.

Wie können Sie selbst den Grundstein zur Überwindung Ihrer Emetophobie legen?

Beachten Sie bitte, dass Selbsthilfe und dieses Buch keinen Arzt oder Therapeuten ersetzen.

Psychoedukation

Bevor Sie den ersten Schritt in ein angstfreies Leben machen, sollten Sie lernen, was Angst genau ist. Was verbirgt sich hinter dem Gefühl, welches Ihnen die Qualen Ihrer Krankheit auferlegt? Damit Sie bei einer gesunden Lebensweise ein Ziel vor Augen haben und wissen, wogegen genau Sie angehen möchten und wie Ihre Phobie funktioniert, soll dieses Kapitel Sie mit dem grundlegenden Wissen und dem Zweck der Emotion Angst vertraut machen.

Lernen über die Funktionsweise der Angst

Im Wesentlichen ist Angst eine Emotion. Emotionen werden durch (körpereigene) Hormone ausgelöst. Hormone brauchen einen Trigger – und wer diese Trigger kennt, der versteht, weshalb Angst eigentlich so gut und wichtig für uns ist. Das Ziel der Angst ist nämlich vor allem eines: Sie möchte uns vor Dingen schützen, die Ihr Körper als Risiko einstuft. Deswegen kann es so schwer sein, Ängste abzulegen. Für Ihren Körper ist auch eine irrationale Furcht wie die Emetophobie ein Grund, zu heftigen Körperreaktionen zu greifen. Er möchte Sie mit allen Mitteln darauf aufmerksam machen, dass Sie gerade ein Risiko eingehen und handeln sollten.

Dabei sind all unsere Emotionen gewissermaßen das Resultat von Zusammenspielen verschiedener Hormone, die bei Bedarf an den jeweiligen „Leitstellen“ ausgeschüttet werden. Bevor Sie sich mit der Angst als krankhaften Zustand auseinandersetzen, sollten Sie aufhören, die Angst als eindeutig negative Erfahrung zu verstehen, und sich bewusst machen, dass die „Angst“ an sich nichts ist, was Sie vollständig von sich abkapseln möchten. Tatsächlich ist sie sogar lebensnotwendig und hat auch positive Seiten, die Sie im Zuge Ihrer Angststörung womöglich völlig ausblenden.

Neben Ihrer Emetophobie bedeutet Angst auch Nervenkitzel und Schutz vor Schädigungen. Sie ist wie ein Überwachungssystem, welches uns mitteilen möchte, ob das, was wir tun und was uns umgibt, gut für uns ist. Vereinfacht ausgedrückt: Wenn wir Angst haben, erwarten wir, dass etwas Negatives passiert. Sie lässt uns schnelle Entscheidungen treffen: Kämpfen Sie, fliehen Sie oder erstarren Sie?

Das sind die drei Urreaktionen auf Angst. Wenn Sie einen Blick in die Tierwelt werfen, erkennen Sie hier: Ein verängstigtes Tier flieht oder greift an, um seiner Angst zu entkommen. Andere stellen sich tot und hoffen, dass die Bedrohung deswegen über sie hinwegsieht. Es gibt also diejenigen, die aktiv versuchen, einer Situation zu entkommen, und diejenigen, die ausharren und hoffen, dass die Situation von allein nachlässt.

Auf den Alltag mit Emetophobie übersetzt, könnte man auch sagen: Bleiben Sie und stellen sich Ihrer Angst, verlassen Sie die Szene oder erstarren Sie förmlich bei dem Risiko, mit Erbrechen konfrontiert zu werden? Gelegentlich reagiert Ihr Körper dabei so blitzschnell, dass Sie gar nicht genau wissen, wie Ihnen geschieht. Die Verarbeitung von Reizen geht binnen weniger Sekundenbruchteile vonstatten: Sie sehen, hören oder riechen etwas und Ihr Gehirn übersetzt diese Reize und sendet Sie zuerst an die Amygdala, die auch Mandelkern genannt wird, und das allgemeine Angstzentrum unseres Gehirns. Das geschieht über elektrische Impulse, die deutlich schneller kommunizieren als Hormone, die erst ausgeschüttet und dann Ihre Wirkung entfalten müssen.

Dabei ist die Amygdala (bzw. der Mandelkern) noch viel mehr als nur das Angstzentrum, denn sie bestimmt, ob Ihre äußeren Einflüsse positiv oder negativ bewertet werden müssen. Ob Sie Angst, Freude, Trauer, Ekel, Wut, Überraschung oder Verachtung empfinden (man spricht von den sieben Grundemotionen), wird in seinen Grundzügen hier entschieden. Diese Entscheidung wird schließlich weitergeleitet und weitere Körperreaktionen werden hervorgerufen.

Im Falle der Angst kommt es zur Veranlassung der Ausschüttung von Adrenalin durch den Hirnstamm. Vielleicht kennen Sie das Hochgefühl des Adrenalins. Das Hormon ist dafür bekannt, dass man selbst die undenkbarsten Situationen überstehen kann. Dass sich starke Schmerzen verzögern, bis das Adrenalin abgeklungen ist, hört man in vielen Geschichten. Manche Menschen sind sogar in der Lage dazu, mit schweren Verletzungen die Flucht zu ergreifen, ohne sich an den Schmerzen aufzuhalten, die Ihnen andernfalls das Bewusstsein rauben würden.

Weniger bekannt ist stattdessen die Wirkung des Adrenalins im kleineren Ausmaß. Sind Sie schon einmal in eine Situation geraten, die Ihre Emetophobie so stark getriggert hat, dass Sie am Ende des Tages nicht wussten, wie Sie die Kulisse zwischenfalllos verlassen konnten? Meistens tritt das Tief der starken Angst – wie die Schmerzen des Verletzten oder der Ekel und die Verzweiflung nach dem Aufeinandertreffen mit einem Angsttrigger – deutlich später auf als der eigentliche Vorfall. Sind Sie schon einmal von einem Schauplatz geflohen, nur um sich anschließend zu übergeben? Ihre Ängste geben Ihnen in den meisten Fällen einen deutlichen Vorsprung.

Natürlich sind die Reize, die der Mandelkern aussendet, nicht immer korrekt. Hierfür hat sich der Körper ein doppeltes Sicherheitssystem ausgedacht, dessen Sinn und Zweck es ist, Angstreaktionen gegebenenfalls vorzeitig abklingen zu lassen.

Die Angstreaktion ist für uns überlebenswichtig, weshalb es naheliegend ist, dass der Körper zuerst intuitiv und umfassend handelt, ehe er sich mit den Einzelheiten des Reizes auseinandersetzt. Wenn Ihnen beispielsweise eine Fliege auf dem Arm sitzt, werden Sie je nach Erfahrungsgrad Angst empfinden – entweder Ihr Körper stellt sich auf den ersten Blick auf eine Bremse ein, die Sie womöglich beißt, oder er gibt sofort Entwarnung, weil er das Phänomen Bremse entweder nicht kennt oder keine negativen Assoziationen mit ihr feststellen kann. Das ist einer der Gründe, weshalb Menschen in verschiedenen Situationen Angst empfinden und diese unterschiedlich stark ausgeprägt ist. Neben den sogenannten Urängsten (beispielsweise der Angst vor Feuer), die von den meisten Individuen außerhalb Ihrer Erfahrungen grundsätzlich geteilt wird, ergeben sich auf diese Weise verschiedene Ängste und Phobien, die den einen Menschen völlig aus dem Konzept bringen und den anderen nahezu kaltlassen.

Um Missverständnisse und Verwechslungsgefahren zu vermeiden, können Sie sich vorstellen, wie Ihr visueller Kortex (der Teil des Gehirns, der die durch die Augen empfangenen Reize zu einem Bild übersetzt) mit dem Hippocampus (so nennt man die Instanz des Gehirns, die Körperreaktionen reguliert) kommuniziert und mit ihm gemeinsam eine genauere Einschätzung über die Situation anstellt. Neben der Regulation kommt dem Hippocampus nämlich noch die entscheidende Aufgabe des Speicherns und der Erinnerung zu. Mithilfe des sogenannten Angstgedächtnisses urteilt er über den Trigger und gibt gegebenenfalls Entwarnung an den Kortex und an den Mandelkern, sodass die Angstreaktion allmählich abflacht.

Es wird also erst in dieser Phase entschieden, ob das, was uns beängstigt, tatsächlich schlecht ist oder nicht. Diese Vorgänge des Erkennens und Einsortierens geschehen dabei häufig so schnell, dass sie, von außen betrachtet, fast zeitgleich passieren. Das heißt, dass wir den Konflikt potentieller Trigger oft nicht bewusst wahrnehmen, weshalb sich das erlebte Resultat direkt in Angstreaktionen oder Gleichgültigkeit äußern kann. Nicht jeder Reiz gibt uns einen Adrenalinkick.

Jetzt, wo Sie wissen, wie Angst im Körper funktioniert, stellt sich Ihnen vermutlich die Frage, woran der Hippocampus Gefahr und Gefährdung festmacht und inwiefern es sich um ein starres Gebilde handelt.

Zunächst gilt: Angst ist niemals starr. Sie verhält sich je nach Situation dementsprechend anders.

Jedes Mal, wenn Sie einem Umstand begegnen, der Ängste in Ihnen auslöst, verändert sich die Art und Weise, wie Ihr Körper die Angst verarbeitet und betrachtet – aber auch, wenn Sie lange Zeit nicht mit spezifischen Triggern in Berührung gekommen sind, kann sich Ihre persönliche Angstwahrnehmung verändern.

Wenn Sie wegen Ihrer Emetophobie ständigen Kontakt zur Außenwelt, zu Lebensmitteln oder zu gewissen Events meiden, dies womöglich über Jahre und Jahrzehnte, kann Ihre Angst dadurch weiterhin bestehen bleiben oder gar wachsen – vor allem, wenn Ihre letzte Begegnung mit diesen Dingen negativ behaftet war. Das liegt an der hohen Wahrscheinlichkeit, mit der Sie von einer Aktivität voreingenommen werden. Sie fokussieren sich auf die jüngsten Erinnerungen, die in diesem Fall negativ waren, und halten sich daran fest. Auf diese Weise wachsen Ängste nach und nach. Daneben erlernen Sie Angst durch Konditionierung, was vereinfacht bedeutet: „Wenn wir wiederholt dasselbe tun und dieselben Resultate folgen, erwarten wir irgendwann, dass das passiert, was immer passiert ist."

Man kann also auch sagen:
Wenn Sie wiederholt in einem Supermarkt eingekauft haben und dieser Ihnen verdorbene Lebensmittel angeboten hat, entwickeln Sie früher oder später die Angst davor, dort einzukaufen, da Sie bereits im Vorhinein fürchten, wegen Ihres Einkaufs Magenbeschwerden zu bekommen.

Die (ungewollte) Imitation Ihres Umfelds kann Sie ebenfalls das Fürchten lehren. Vor allem im Zuge Ihrer Emetophobie könnte es Ihnen bekannt vorkommen: Jemand aus Ihrem Umfeld hat schlechte Erfahrungen mit einem Gericht oder Rezept gesammelt. Nach einem Gespräch bauen Sie diese Erfahrungen in Ihrem Angstbewusstsein ein, imitieren so bewusst oder unbewusst die Angst Ihres Gesprächspartners. Sie entwickeln eine regelrechte Panik vor den (scheinbaren) Erfahrungen anderer und trauen sich nicht mehr, selbst in diese Situation zu gelangen.

Doch genau wie Angst entsteht, kann Sie sich auch wieder auflösen. Wie Sie sehen, basieren viele Ängste auf negativen Erfahrungen oder negativen Befürchtungen. Je nachdem, wie tief Ihre Angst in Ihnen verankert ist, kann man sie mit Gegenbeispielen besänftigen.

Wenn Sie nur Menschen kennengelernt haben, die Ihre Emetophobie nicht ernst nehmen oder Sie darauf herabreduzieren, ist es gut möglich, dass Sie eine regelrechte Angst vor dem Kennenlernen fremder Menschen entwickelt haben. Wenn Sie im Umkehrschluss aber eine liebe Freundesgruppe finden – oder vielleicht sogar einen besten Freund –, hat dies womöglich positive Auswirkungen auf Ihre Angst und kann sie sogar bewältigen.

Angst ist übrigens nicht verhältnismäßig: Wenn Sie immer nur positive Erfahrungen gesammelt haben, dann aber ein einschneidendes, traumatisches Erlebnis miterleben, heißt es nicht, dass die positiven Erfahrungen das Negative überwiegen. Gleiches gilt auch für die andere Richtung.

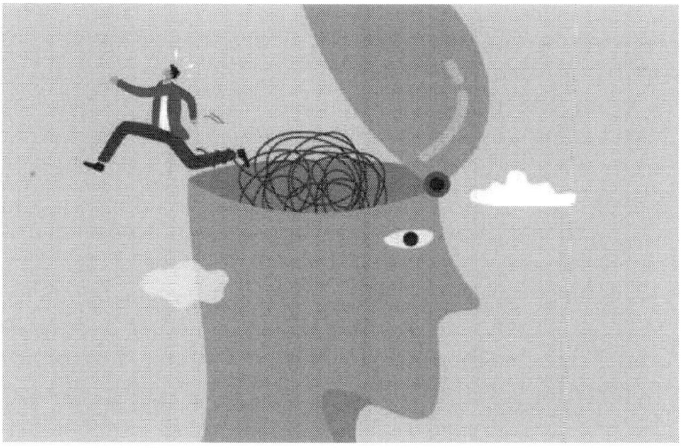

Die Angstspirale verstehen

Jetzt, da Sie wissen, wie Angst als solche funktioniert und entsteht, besteht der nächste Schritt darin, Ihre persönliche Angstspirale zu verstehen.

Der bildlich gewählte Begriff erklärt sich sehr gut selbst: Im Wesentlichen ist eine Angstspirale ein Kreislauf, der sich in eine bestimmte Richtung entwickelt. In Bezug auf eine akute Angststörung deutet diese Richtung oft abwärts. Ihre Ängste verschlimmern sich durch angeeignete Vermeidungsstrategien, mit welchen Sie Ihren Triggern langfristig auszuweichen hoffen, und durch innere wie äußere Prozesse. Katastrophendenken und äußere Reize gehen hierbei Hand in Hand: Je tiefer Sie in Ihrer Angstspirale stecken, desto intensiver nehmen Sie die Bedrohung durch Trigger wahr – denn je größer Ihre Sorgen sind, desto größer sind auch die körperlichen Reaktionen, mit denen Ihr Körper Sie verteidigen möchte. So kann eine anfängliche Sorge oder ein anfängliches leichtes Ekelgefühl zu einer regelrechten Phobie und von dort aus zu einer chronischen Angststörung werden, die Ihr gesamtes Leben erheblich erschwert.

Erinnern Sie sich an eine Zeit vor dem jetzigen Zustand Ihrer Emetophobie? Womöglich bemerken Sie, dass Ihre Panikattacken und Zustände im Vergleich zu früher immer schlimmer und regelmäßiger geworden sind. Vor allem die Dinge, die Sie einst sorglos erledigen konnten, scheinen heute womöglich unvorstellbar.

Man kann sagen, dass der Alltag schwerer zu bewältigen wird, je tiefer Sie auf der Spirale abrutschen – aber das ist nur das horizontale Verständnis.

Welcher Kreislauf kann überhaupt so selbstzerstörerisch sein? Vielleicht denken Sie, dass Sie sich niemals freiwillig so einschränken würden – ob mit oder ohne Emetophobie. Auch, wenn Sie in sich gehen, finden Sie womöglich keine Indizien dafür, sich jemals auf diese Weise selbst geschädigt zu haben. Und genau das ist das Tückische – denn auf der diagonalen Ebene verlaufen Aktion und Reaktion weitgehend unbewusst.

Gewisse Verhaltensweisen werden allmählich zu unbewussten „Schutz"-Handlungen (Herzrasen, Übelkeit etc. im Angesicht bestimmter Situationen oder Gedanken). Diese unbewussten Handlungen wirken sich auf bewusste Verhaltensweisen und Empfindungen aus und schon befinden Sie sich inmitten Ihrer persönlichen Angstspirale. Nicht selten spitzt sie sich schließlich so zu, dass Sie eine Panikattacke oder anhaltende Angstzustände erleben.

All das stresst.

Vor allem, nachdem es einmal passiert ist, stresst das Wissen, dass es wieder passieren kann, zumal Sie mit dem Leiden an Emetophobie grundsätzlich dauerhaft unter Strom stehen. Dass Sie der Angstspirale dadurch den Antrieb geben, sich weiterzudrehen, liegt nahe – doch wie lassen sich die Anzeichen erkennen? Auch inmitten Ihrer Angstspirale braucht Ihre Emetophobie einen Trigger. Je nach Schwere der Phobie können ab einem gewissen Punkt bereits einfache Worte oder Andeutungen ausreichen, um Sie in starke Angstzustände zu versetzen. Kennen Sie die Höhepunkte Ihrer Angstphasen? Da Phobien ein sich ständig wandelndes Spektrum besitzen, fällt Ihnen womöglich auf, wenn sich diese Höhepunkte ankündigen. Reagieren Sie in diesen Phasen empfindlicher auf diese Trigger? Dann rutschen Sie womöglich auf der Spirale herab, ohne es aktiv zu bemerken.

Aber wie genau funktioniert das? Wie erwähnt, handelt es sich um einen Kreislauf, bestehend aus Triggern, Gedanken, körperlicher Reaktion und resultierender Panik, welche sich wiederum auf die negativen Gedanken auswirkt.

Genau genommen läuft dieser innere Kreislauf parallel zu Ihren körperlichen Handlungen ab und verknüpft sich mit einem Belohnungssystem – welches aber nur augenscheinlich belohnt. Das folgende Beispiel zeigt, wie dies in der Realität aussehen könnte:

Begegnen Sie beispielsweise einer würgenden Person auf der Straße, stellen Sie sich automatisch vor, dass sie sich alsbald erbrechen muss. Die Angst, die diese Vorstellung in Ihnen auslöst, bereitet Ihnen womöglich Herzrasen. Schweiß steht Ihnen auf der Stirn, im schlimmsten Fall wird Ihnen selbst schlecht, sodass Ihre Befürchtungen ansteigen und sich Ihre Symptome verschlimmern.

Aufgrund Ihrer Befürchtungen verlassen Sie also den Schauplatz, gehen womöglich direkt nach Hause, um nicht noch einer kränkelnden Person begegnen zu müssen. Ihre Befürchtungen treffen also aufgrund Ihrer Vermeidungsstrategie nicht zu. Zumindest ist das die Erkenntnis, die Ihr Kopf Ihnen bewusst oder unterbewusst mitteilt und abspeichert. Außerdem merkt er sich eines: Draußen sind Menschen, die mir schaden wollen, und drinnen bin ich sicher.

Im Schutz Ihrer Wohnung kommen Sie zur Ruhe. Stresshormone werden abgebaut und womöglich durch Glücksgefühle oder Erleichterung ersetzt. Ihr Körper belohnt Sie im Wesentlichen dafür, eine vermeintliche Gefahrensituation überstanden zu haben, und lernt, dass seine Reaktion die Richtige war.

Natürlich muss ein einmaliges negatives Erlebnis nicht gleich bedeuten, dass Sie nicht mehr vor die Tür gehen wollen.

Verbrennen Sie sich beispielsweise beim Kochen an einer heißen Pfanne, möchten Sie für gewöhnlich auch nicht für immer das Kochen sein lassen. Aber: An dieser Stelle möchten Sie die heiße Pfanne nicht mehr anfassen, weil Sie sich dort verletzt haben. In Zukunft möchten Sie meiden, was Ihnen schadet. Wie man an diesem Beispiel erkennt, muss es sich hierbei nicht um das gesamte Konstrukt „Außenwelt" handeln, sondern es kann sich auf den Ort Ihrer Erfahrung oder auf die Personengruppe des Kränkelnden beziehen. Doch stellen Sie sich vor, wie Sie sich bei jedem Kochen an anderen Stellen Ihrer Pfanne verbrennen. Irgendwann distanzieren Sie sich davon, entwickeln womöglich eine regelrechte Angst davor. Je nachdem, wie stark Sie sich verbrannt haben oder wie einschneidend Ihr Erlebnis auf offener Straße war, reagieren Sie früher mit einer dermaßen passiven Haltung. Womöglich kommt bald die Frage hinzu: Wenn ich mich an der Pfanne verbrannt habe, kann ich mich dann auch an einem Kochtopf verbrennen? Oder eben: Wenn die Menschen und die Außenwelt schlecht für mich sind, kann ich dann denjenigen vertrauen, die sich in meinem unmittelbaren Umfeld befinden?

> **Kurz gesagt:**
> Scheinbar unbedeutende, alltägliche Hindernisse, auf die Sie mit Ihrer Emetophobie stoßen, können unter gewissen Umständen eine psychische Extremsituation und eine Panikattacke verursachen.

Auf diese Weise kapseln Sie sich schließlich auch von Gefahrensituationen ab, die in Wahrheit keine Gefahrensituationen sind.

Ihr Gehirn beginnt, als ersten Lösungsansatz Angst vorzuschlagen und umzusetzen. Dabei wird ihm womöglich sogar egal, ob Sie die Situation persönlich als positiv oder negativ bewerten, denn konstante Anspannung ist für Ihren Körper ein logischer Grund, sich auf das Schlimmste einzustellen und alles daran zu setzen, Sie in Sicherheit zu bringen.

Die Wichtigkeit einer Expositionstherapie

Mit dem Leiden an Emetophobie fürchtet sich Ihr Körper vor einem Umstand und einer Sache, die in Wirklichkeit keinerlei Gefahr für Sie darstellt. Ihre Psyche versteift sich auf negative Erfahrungen oder Befürchtungen bezüglich des Erbrechens und Erbrochenem und reagiert darauf, als würden tatsächliche negative Konsequenzen folgen, würden Sie damit in Berührung kommen.

Was für Außenstehende unverständlich ist, wächst für Sie zu einer echten Bedrohung heran, die Ihren Lebensalltag dominiert – deswegen ist es unheimlich wichtig, Ihrem Körper und Ihrer Psyche beizubringen, dass diese Ängste unbegründet sind. Denn auch, wenn Sie selbst bereits wissen, dass Ihre Angst irrational und unbegründet ist, bedeutet es nicht, dass Körper und Geist danach handeln. Deswegen ist die sogenannte Expositionstherapie so wichtig. Hierbei zeigen Sie Ihrem Körper und auch sich selbst, dass negative Befürchtungen und Ängste keinerlei Gefahr für Sie darstellen. Sie konfrontieren sich dabei bewusst mit den angstauslösenden Faktoren.

Kurz gesagt:
Sie zwingen Ihren Körper und Ihre Psyche aktiv dazu, zu erlernen, dass weder die Wahrnehmung noch die Reaktion auf den triggernden Reiz angemessen ist. Ferner zeigen Sie ihm, dass keine der katastrophalen Befürchtungen zutreffen wird, wenn Sie einem dieser Reize ausgesetzt sind. Außerdem bauen Sie neue, positive Berührungspunkte zu ihnen auf, um langfristige Erfolge zu erzielen.

Während die Expositionstherapie stressig für Sie als Betroffener sein kann, weil Sie sich mit Ihren größten Ängsten auseinandersetzen müssen, macht sie sich das Lernverhalten des Menschen zunutze. So zwingt sie Sie dazu, eine Erfahrung mit Ihrem Trigger zu machen, die Sie andernfalls unter allen Umständen vermeiden wollen, um direkt in Ihr Angst- und Fluchtverhalten einzugreifen.

Zunächst mag das für Sie schrecklich klingen – dabei arbeitet jede positiv erlebte Angstsituation daran, Ihrem Gehirn zu verdeutlichen, dass die Gefahr nicht so groß ist, wie es sie einschätzt. Schließlich kommt es zur Gewöhnung (Habituation) an den Reiz, den Sie so sehr fürchten, bis er für Sie an Normalität gewinnt. Dieser Prozess kann gerade dann länger dauern, wenn Sie Ihre Trigger über einen langen Zeitraum gemieden und gefürchtet haben – doch er kommt. Und dann setzt er denn Grundstein für ein angstfreies Leben.

Die Expositionstherapie hat zum Ziel, dass Sie einen Reiz ertragen können, ohne in Ihre gewohnten und angeeigneten Fluchtverhalten zu verfallen. Indem Sie lernen, dass Sie der Herausforderung gewachsen sind, erlernen Sie nicht nur Selbstbewusstsein in einer Angstsituation, sondern auch, dass Sie diesen Momenten nicht schutzlos ausgeliefert sind. Das kann sich in einer Alltagssituation beispielsweise äußern, indem Sie nicht mehr sofort den Instinkt zur Flucht verspüren, wenn Sie einer kranken Person begegnen. Stattdessen wissen Sie, dass Sie dem Moment gewachsen sind.

Erkennen von irrationalen Denkmustern

Wenn Sie den Schritt in ein angstfreies Leben wagen möchten, ist es unabdingbar, sich mit der Irrationalität Ihrer Angst auseinanderzusetzen. Doch nur, weil Sie wissen, dass Ihre Angst irrational ist, bedeutet das längst nicht, dass Sie Ihr Denken als solches wahrnehmen oder gar einordnen können. Ihr Körper sieht im Erbrechen und Erbrochenen eine durchaus reale Bedrohung und reagiert mit derselben Intensität wie beispielsweise bei einem Feuer. Sprich: zu differenzieren, welche Gedanken angemessen sind und welche nicht, ist komplex, zeitaufwendig und kompliziert. Vor allem, wenn Ihr gesamtes Leben von der Krankheit bestimmt ist, haben Sie womöglich verlernt, über den Tellerrand zu schauen. Woran erkennen Sie irrationales Denken und irrationale Ängste? Wodurch zeichnen sich diese aus und was bedeuten sie für Sie als Betroffener? Irrationales Denken ist, wie der Name vermuten lässt, unlogisches Denken. Doch nur, weil sich etwas, der Ratio, dem Verstand, entzieht und schier sinnlos zu existieren scheint, bedeutet dies nicht, dass es keine Auswirkungen auf Sie und Ihr Seelenleben hat. Tatsächlich sind irrationale Gedanken der Antrieb für Ihre Emetophobie und die meisten Angststörungen. Der Weg in ein gesundes Leben wird sich also unwesentlich erleichtern, wenn Sie erst in der Lage dazu sind, zwischen berechtigten, übertriebenen und unberechtigten Sorgen und Gedanken zu unterscheiden.

Wie macht sich irrationales Denken bemerkbar?

In Ihrem Alltag begegnen Sie diesem Denkmuster sicherlich oft: „Wenn Sie jetzt diese oder jene Handlung vollziehen oder an diesen oder jenen Ort gehen, wird definitiv dieses Ergebnis folgen."

Ein Beispiel:
Wenn Sie einen fast abgelaufenen Jogurt essen würden, würde Ihnen definitiv, egal, unter welchen Umständen, schlecht werden und Sie würden sich definitiv übergeben, weil dies die absolute, unausweichliche Folge jeder Übelkeit ist. Und dann würden Sie nicht nur wahrscheinlich, sondern unumgänglich tagelang mit Magenbeschwerden das Bett hüten müssen und sich immer und immer wieder in einen Eimer übergeben.

Hieran erkennen Sie gut das erste Merkmal irrationaler Denkmuster: die Absolutheit. Wenn Sie so fest davon überzeugt sind, dass etwas passieren oder nicht passieren wird, entziehen Sie sich in den meisten Fällen der Logik und den Zufällen unserer Welt.

So wortgenau wie in dem Beispiel denken Sie vermutlich nicht. Auch nicht in Ihren Angstphasen. Allerdings können irrationale Gedanken sich ebenfalls in Ihrem Unterbewusstsein einnisten und von dort aus Druck auf Sie ausüben.

Vielleicht ist Ihnen sogar bewusst, dass der Gedanke übertrieben und stark verallgemeinernd ist, doch einfach ändern lässt er sich trotzdem nicht.

Wenn Ihr Umfeld beispielsweise mit Ihnen sprechen möchte – Ihnen womöglich helfen will –, könnten Sie selbst logische Schlüsse nicht annehmen oder nachvollziehen. Sie sind so fest von Ihrem Gedankentumult überzeugt, dass Sie vollkommen in Ihrer Fähigkeit, andere Perspektiven einnehmen zu können, eingeschränkt werden. Nichts kann Sie von dem Szenario abbringen, welches Ihren Kopf dominiert. Das liegt nicht etwa an Ihren böswilligen Absichten oder daran, dass Sie sich keines Besseren belehren lassen möchten:

Stattdessen sind Sie so in Ihrer Überzeugung festgefahren, dass nichts anderes mehr Sinn zu ergeben scheint – entweder so, wie Sie es sich vorstellen, oder gar nicht.

Um es greifbarer zu machen: Stellen Sie sich vor, Sie müssen eine Schul- oder Firmenpräsentation halten. Obwohl Sie sich seit Wochen darauf vorbereiten, sind Sie fest davon überzeugt, dass Ihr Vortrag in einem Desaster enden wird. Da hilft auch das freundliche Zureden Ihrer Klassenkameraden und Kollegen nicht – denn dieser Vortrag wird – zumindest laut Ihren irrationalen Gedanken – definitiv schiefgehen!

Dieses Denken beeinträchtigt nicht nur Sie: Auch Ihre sozialen Kontakte leiden darunter, denn obwohl sie wissen, dass Ihre Gedanken und Einstellungen unrealistisch sind, können sie nur tatenlos beiwohnen und versuchen, Sie von anderen Ansichten zu überzeugen. Doch wenn Irrationalität Ihren gesamten Alltag aufgrund Ihrer Emetophobie einzunehmen droht, wird es für Außenstehende unheimlich schwer, wenn nicht sogar unmöglich, Sie einzuschätzen und mit Ihnen umzugehen. Nicht zuletzt deswegen ist es wichtig, dass Sie irrationale Denkmuster verstehen lernen.

> ⓘ
>
> Irrationale Gedanken sind nicht nur negativ behaftet. Auch ein übertrieben positives Denken kann schnell in die Irrationalität abschweifen.

ENTSPANNUNGSTECHNIKEN

Die psychosomatischen Folgen von Angst und Stress sind oft schwerwiegend. Wenn die Angst vor einem Trigger in Herzrasen und Übelkeit ausartet, verstärkt sich auch gleichzeitig die Angst vor dem Trigger. Das kann sich wiederum auf Ihre körperlichen Symptome auswirken. Vielleicht wird Ihnen allein schon durch den Gedanken an den Trigger schwindelig. Auch andere physische Symptome können auftreten. Spezielle Entspannungstechniken können jedoch Abhilfe schaffen!

Nachdem Sie sich im letzten Unterkapitel in die Funktionsweise der Angst eingelesen haben, lernen Sie nachfolgend, wie Sie mit effektiven Entspannungs- und Beruhigungsmethoden kurz- und langfristige Erfolge erzielen können, um Ihre Angst zu mindern und im Akutfall besser zu kontrollieren.

Aber warum hilft es, sich zu entspannen?

Vielleicht schütteln Sie bei diesem Kapitel mit dem Kopf und fragen sich: Wie kann ein entspannter Körper meiner Angst helfen und weshalb sollte ich mich intensiv mit speziellen Entspannungstechniken auseinandersetzen?

Tatsächlich ist die Antwort darauf weniger abstrakt, als man zunächst meinen mag. Richten Sie dazu Ihre Aufmerksamkeit noch einmal auf Kapitel „Lernen über die Funktionsweise der Angst": Dort haben Sie von der berauschenden Wirkung des Adrenalins gelesen, welches unter anderem bei starker Angst ausgestoßen wird. Natürlich agiert Adrenalin dabei nicht allein im Körper. In Ihnen arbeiten bei Kontakt mit Triggern unzählige Hormone – sogenannte Stresshormone – zusammen. Stresshormone wiederum bedeuten übersetzt „Ich muss auf der Hut sein" und versetzen Sie unbewusst bzw. automatisch in Alarmbereitschaft.

> ⓘ
>
> Indem Sie sich und Ihren Körper geistig wie körperlich entspannen, mindern Sie also automatisch die Reaktionsbereitschaft Ihres Körpers auf potenzielle Gefahren im alltäglichen Leben.

Unter großem Stress fühlen wir uns angreifbarer und gereizter und möchten alles zum Mond schießen. Jeder äußere Einfluss ist wie Öl, welches ins Feuer gegossen wird – also genau das, was Ihre Angststörung braucht, um Ihnen den Alltag zu erschweren. Tiefe Entspannung hingegen bewirkt das Gegenteil: Wenn Sie sich entspannen, schüttet Ihr Körper Hormone aus, die Sie gut fühlen lassen und Ihnen Sicherheit schenken. Sie nehmen die Welt deutlich ruhiger und objektiver wahr als unter Stress und Ihre Angstreaktionen können in gewissen Maßen gezügelt und unterdrückt werden.

Doch wie können Sie in Akutsituationen die Ruhe bewahren und den Fokus bewusst von Ihrer Phobie auf das Jetzt und die Wirklichkeit lenken? Die nachfolgenden Techniken können Ihnen dabei helfen.

Progressive Muskelentspannung

Bereits in den 1920er Jahren stellte der Arzt Edmund Jacobson fest, dass unsere körperliche Anspannung direkt auf unser seelisches Wohlergehen wirkt. Auf dieser Erkenntnis basierend, entwickelte er die progressive muscle relaxation (PMR) – zu Deutsch: die progressive (das heißt fortschreitende) Muskelentspannung. Dabei handelt es sich um ein Verfahren, welches die Seele anhand von Anspannungs- und Entspannungstechniken entlastet. Fortschreitend ist sie deswegen, weil Sie im Verlauf der Übung von Kopf bis Fuß arbeiten. Sie setzen sich intensiv mit den Muskeln Ihres Skelettsystems auseinander und versuchen, die Spannungen bewusst zu lösen. Unten finden Sie beispielhafte Übungsabläufe für unterwegs und zuhause.

> 1888 geboren und 1983 gestorben, gilt Edmund Jacobson als der Begründer der progressiven Muskelentspannung. Sein Leben lang beschäftigte er sich mit den Wechselwirkungen von Körper und Geist und schrieb mehrere Bücher, in denen er u. a. seine Erkenntnisse teilte und die neuromuskuläre Psychophysiologie definierte.

Doch warum die progressive Muskelentspannung?

Die PMR spielt mit der Funktionsweise des vegetativen, nicht beeinflussbaren Nervensystems:

Wenn Sie Ihre Muskeln entspannen, aktivieren Sie Ihren Parasympathikus. Er hemmt Körperreaktionen wie Blutdruck und Herzschlag, indem er dazu anregt, Entspannungshormone auszuschütten, die sich wiederum auf Ihren Gemütszustand auswirken.

Spannen Sie Ihre Muskeln an, schaltet sich der Sympathikus ein – das ist der Gegenspieler des Parasympathikus, der die Körperfunktionen hochfährt und mit Stresshormonen hohe Leistungen ermöglicht. Stellen Sie ihn sich als das genaue Gegenteil vor. Wenn Sie die progressive Muskelentspannung anwenden, aktivieren Sie zunächst bewusst Ihre Muskelgruppen, ehe Sie sie entspannen. Das hat den entscheidenden Vorteil, dass Sie sich auch in jene Muskeln einfühlen können, von denen Sie gar nicht glauben, dass Sie verspannt sind. Die Entspannung breitet sich auf diese Weise im gesamten Körper aus und kann zu Beruhigung in Stresssituationen führen oder bei regelmäßiger Anwendung für ein allgemein ruhigeres und entspannteres Selbst sorgen.

Nun, da Sie wissen, was PMR ist und wie sie in der Theorie funktioniert, sollten Sie einen ersten Eindruck davon bekommen, wie man sie anwendet.

Für die progressive Muskelentspannung brauchen Sie weder Hilfsmittel noch einen ruhigen Ort. Sie ist überall anwendbar und eignet sich somit hervorragend dafür, wenn der Stress des Alltags Sie einzuholen droht. Auch, wenn Sie die Übung nicht von Kopf bis Fuß durchführen, weil Sie sich zum Beispiel an einem belebten Ort in der Stadt oder in der Warteschlange an der Kasse befinden, zeigt sie im Kern Wirkung.

Kommen Ihnen die kurzfristigen Entspannungsphasen nach Panikattacken bekannt vor? Vielleicht genießen Sie dieses Gefühl gewissermaßen, weil Ihr Körper unmittelbar nach seinem mentalen Zusammenbruch herunterfährt.

PMR ist ein gesünderer und angenehmerer Weg, um ähnliche, womöglich umso intensivere Entspannung zu erlangen.

Besonders wichtig ist bei der Anwendung, dass Sie lernen, in Ihre einzelnen Muskelgruppen zu horchen. Das erfordert mitunter etwas Übung, doch geben Sie nicht auf! Auch, wenn Sie zu Beginn nur Ihre Hauptmuskeln, die Ihnen persönlich am vertrautesten sind, entspannen können, werden Sie Erfolge bemerken!

Zunächst erfahren Sie, wie Sie die PMR einfach und ohne Aufwand „to go“ verwenden können:

Sie stehen, wie oben beschrieben, im Supermarkt an der Kasse. Die Schlange ist endlos, vielleicht fühlen Sie sich allmählich deutlich angespannt. Dann können Sie …

- **… eine feste Faust ballen.**

Nehmen Sie sich hierbei nur eine Hand vor und horchen Sie auf die Muskeln, die Sie im Zuge der Übung anspannen. Halten Sie die Spannung für einige Sekunden und achten Sie auf eine gleichmäßige Atmung. Zählen Sie innerlich zum Beispiel bis zehn – denn die wenigen Sekunden reichen bereits völlig aus.

- **… die Faust entspannen.**

Lassen Sie die abklingende Anspannung auf sich wirken und halten Sie die Hände für einen Moment ruhig. Achten Sie auf das wohlige Gefühl, welches sich allmählich in den Fingern ausbreitet. Fühlen Sie den Unterschied?

- **Wiederholen Sie den Schritt mit der anderen Hand und eventuell mit weiteren großen Muskelgruppen, sollte es Ihnen behagen.**

Achten Sie dabei auf Gleichmäßigkeit und darauf, sich nicht bei der Übung zu verkrampfen. Außerdem sollten Sie nicht willkürlich wählen, welche Körperpartien Sie entspannen. Arbeiten Sie sich auch unterwegs strukturiert durch Ihre Körperpartien und spüren Sie, wie sich die Entspannung nach und nach ausbreitet.

Wie bereits angemerkt, kann Ihr gesamter Körper von der PMR profitieren – und das ohne großen Zeitaufwand. Neben der ursprünglichen Entspannung nach Jacobson, die dreißig Muskelgruppen umfasst, gibt es heute viele deutlich kürzere Abwandlungen, die sich in wenigen Minuten durchführen lassen. So können Sie die Übungen auch vor dem Schlafengehen liegend im Bett durchführen und somit in Ihre Routine einbauen, ohne Ihren Tagesablauf umzustellen.

Wie können Sie die progressive Muskelentspannung auf Ihren gesamten Körper anwenden?

Während einige Muskelgruppen durchaus gezielt im Stehen mit der PMR gelockert werden können, ist es für die Ganzkörperbehandlung hilfreich, sich bequem hinzulegen, um bestmöglich in alle anzuwendenden Muskelgruppen fühlen zu können.

Je nachdem, wie intensiv und ausführlich Sie sich entspannen möchten, sollten Sie zehn bis zwanzig Minuten einplanen. Das Vorgehen ist dabei das Gleiche wie bei der „to go"- Variante: Spannen Sie den jeweiligen Muskel für einige Sekunden an, ehe Sie ihn entspannen und Ihrer Körperreaktion nachfühlen.

Sobald Sie liegen, sollten Sie zunächst versuchen, zur Ruhe zu kommen und abzuschalten. Machen Sie sich locker und gehen Sie in sich. In den folgenden Schritten werden Sie der Reihe nach Hände und Arme, das Gesicht, Hals und Nacken, die Schultern, den Rücken sowie Ihren Bauch, die Beine und die Füße gezielt an- und entspannen. Erkennen Sie, weshalb die progressive Muskelentspannung fortschreitend ist?

- **Konzentrieren Sie sich zunächst auf eine Ihrer Hände.**

Auch bei der Ganzkörperentspannung ist es wichtig, sich jede Körperseite einzeln vorzunehmen. Mit welcher Hand Sie beginnen, ist schlussendlich egal. Wählen Sie diejenige, mit der Sie sich am wohlsten fühlen.

Heben Sie die Hand nun zur Schulter und ballen Sie eine Faust – so fest Sie können, ohne zu verkrampfen. Achten Sie auf Ihre Atmung und zählen Sie innerlich bis fünf. Anschließend lockern Sie Ihren Arm und legen ihn zurück auf Ihre Yogamatte – oder aber auf die Couch oder die Matratze in Ihrem Bett.

Lassen Sie die Spannung abklingen und achten Sie darauf, wie sich das neue Gefühl von dem der anderen Körperseite unterscheidet, ehe Sie den Vorgang mit dem anderen Arm wiederholen.

- **Als Nächstes folgt das Gesicht.**

Von nun an arbeiten Sie sich von ganz oben nach ganz unten, sprich: Der zweite Halt Ihrer PMR-Übung ist im Gesicht – und dieses anzuspannen, klingt im ersten Moment deutlich schwerer, als es ist.

Um Ihre Gesichtsmuskeln anzuspannen, hilft es, Grimassen zu ziehen! Haben Sie womöglich schon einmal etwas richtig Saures gegessen? Oder müssen Sie auch immer die Augen zukneifen, wenn Sie an einem schönen Sommertag in die Sonne blicken? Wenn Sie eine Vorstellung von beiden Gesichtsausdrücken haben, versuchen Sie, sie zu kombinieren: Beißen Sie die Zähne fest zusammen und ziehen Sie die Lippen in den Mund, um sie dort zusammenzupressen. Lächeln Sie dabei so breit, wie Sie können, und machen Sie die Augen so fest zu, als wollten Sie nicht, dass das Licht durch Ihre Lider scheinen kann. Dabei wird sich Ihre Stirn vermutlich ganz von allein krausziehen – und Sie haben die größten Muskeln Ihres Gesichts fest angespannt.

Auch diesen Ausdruck halten Sie für einige Sekunden. Da Sie Ihre Gesichtsmuskulatur nur in seltenen Fällen auf diese Weise beanspruchen, kann dies anfänglich etwas ungewohnt oder unangenehm sein. Trotzdem sollten Sie Ihre Atmung gleichmäßig und ruhig fortsetzen und darauf achten, dass Ihre Muskeln nicht verkrampfen. Entlasten Sie Ihr Gesicht vorzeitig, wenn Sie das Gefühl haben sollten, dass die Spannung zu unangenehm wird – Übung macht den Meister.

- **Nun sind Hals und Nacken an der Reihe.**

Indem Sie den Kopf zur Brust ziehen, spannen Sie automatisch Ihre Nacken- und Halsmuskeln an. Vor allem, wenn Sie diese Übung im Sitzen durchführen, können Sie auf diese Weise starke Spannungen erzeugen. Um auch die vorderen Halsmuskeln anzuspannen, können Sie in dieser Position die Zähne zusammenbeißen. Dann sollten Sie spüren, wie Ihre seitlichen Halsmuskeln (fachsprachlich u. a. musculus sternocleidomastoirdeus und musculus patysma) anspannen. Auch diese Anspannung halten Sie für einige Sekunden an, ehe Sie sie abrupt auflösen.

- **Die Schultern und der obere Rücken dürfen auch nicht fehlen.**

Den oberen Rücken können Sie geschickt gemeinsam mit den Schulterpartien entspannen. Dafür stützen Sie sich nur auf den Schultern ab, wenn Sie das Brustbein anheben. Möchten Sie diesen Effekt verstärken, üben Sie zusätzlich gezielten Druck gen Boden aus und versuchen dabei, die Schulterblätter so weit wie möglich zusammenzuziehen.

Wichtig:
Diese Übung soll nicht schmerzen. Achten Sie auf eine kontrollierte Durchführung, ehe Sie die Spannung entweichen lassen und sich in die nächste Entspannungsphase begeben.

- **Richten Sie Ihre Aufmerksamkeit als Nächstes auf den unteren Rücken und den Bauchbereich.**
Auch diese Übung könnte eine kleine Herausforderung für Sie darstellen – denn wie spannt man gezielt seinen Bauch an? Am einfachsten ist dies zu erreichen, indem Sie ihn ganz fest einziehen. Spüren Sie auf Höhe Ihres Bauchnabels ein leichtes Ziehen? Dann spüren Sie vermutlich, wie Ihre Bauchmuskeln arbeiten. Wenn Sie Ihren unteren Rücken jetzt zusätzlich in Ihre Unterlage drücken, spannen Sie Bauch und Rücken gleichermaßen an. Diese Position sollten Sie für einige Sekunden halten, ehe Sie sie lösen.

- **Bevor Sie zum letzten Schritt kommen, widmen Sie sich Ihren Beinen.**
Wie bei den Händen und Armen ist es wichtig, dass Sie beide Beine hintereinander und einzeln anspannen und entspannen und sich jeweils separat Ihren Muskeln widmen.

  Heben Sie zunächst das von Ihnen gewählte erste Bein an, bis Sie die Spannung bis zu Ihrer Gesäßmuskulatur spüren. Anschließend ziehen Sie Ihre Zehenspitzen in Richtung Ihres Torsos. Indem Sie Ihre Fußsohle dehnen, spannen Sie die vielen dortigen Muskelgruppen an und erhöhen gleichzeitig die Anspannung, die auf Ihrer Wade liegt.

  Auch diese Position halten Sie, ehe Sie entspannen und sich Ihrem anderen Bein widmen.

- **Zuletzt widmen Sie sich noch einmal Ihrem gesamten Körper.**
Um die Übung zu beenden, können Sie sich zum Schluss noch einmal auf Ihren gesamten Körper konzentrieren. Spannen Sie ein letztes Mal alle Muskeln an, ehe Sie sich tiefgehend entspannen. Bleiben Sie anschließend noch einen Moment liegen, lassen Sie die verschiedenen Entspannungsphasen ganz auf sich wirken und stellen Sie sicher, sich nicht direkt darauf in geistige oder körperliche Stresssituationen zu drängen.

Das Thema progressive Muskelentspannung wuchs in den letzten Jahrzehnten zu einem großen Gebiet heran, aus dem sich verschiedene Techniken und Strategien herauskristallisiert haben. Ganze Bücher wurden geschrieben, um Ihnen die bestmöglichen Anspannungs-Entspannungs-Techniken mit Fokus auf verschiedene Muskelgruppen näherzubringen. Psycho- und Physiotherapeuten setzen sich in Ihrer Ausbildung intensiv mit Ihnen auseinander und im World Wide Web gibt es unzählige weiterreichende Übungen, Rezensionen und Erfahrungsberichte darüber, wie PMR die Lebensqualität bei verschiedenen Leiden erhöhen kann.

> Trotzdem ist jeder Mensch individuell. Geben Sie Ihrem Körper Zeit, sich auf die neue Erfahrung einzulassen, und seien Sie nicht betrübt, sollten die erhofften Erfolge nicht sofort eintreten. Bereits daran, dass es so viele Ansätze und Herangehensweisen an die PMR gibt, erkennen Sie, dass jeder Mensch Entspannung und Anspannung anders wahrnimmt und die ausgeschütteten Hormone in jedem unterschiedlich intensiv wirken.

Atemübungen

„Atme doch einfach mal durch!"

Kommt Ihnen dieser Satz bekannt vor? Vielleicht hat man ihn in der Vergangenheit schon gegen Sie verwendet – oder haben Sie unruhigen Bekannten bereits diesen Rat erteilt? Nicht selten fällt dieser Satz, wenn jemand unruhig oder gestresst ist. Doch was steckt dahinter?

Unsere Atmung kontrolliert unseren Körper: Blutdruck, Herzschlag, Leistung ... all das wird indirekt durch jeden Atemzug gesteuert – und diese Faktoren beeinflussen die psychische und körperliche Leistung.

Dass wir uns bei hoher Belastung gegenseitig zum Durchatmen anregen, lässt Sie bestimmt schon vermuten, wie sich das Atemverhalten auf unseren Körper auswirkt:

Wenn wir schnell und ungleichmäßig atmen, werden wir hektisch. Der Körper arbeitet auf Hochtouren (stellen Sie sich einen untrainierten Marathonläufer vor) und schließlich ist die Batterie aufgebraucht.

Schnell zu atmen, bedeutet nämlich nicht gleich, effektiver zu atmen.

Vielleicht erkennen Sie dieses Gefühl von einer zurückliegenden Panikattacke: Obwohl Ihr Atem stark anzog, hatten Sie das Gefühl, zu ersticken. Zur Folge atmeten Sie also noch hektischer, doch nichts hat geholfen – vielleicht wurde das Gefühl sogar noch verstärkt. Schließlich hat es Ihnen den Boden unter den Füßen weggerissen und Trigger wie Symptome haben Sie überwältigt.

Wovon zeugt dieses Gefühl des Erstickens?

Jeder Atemzug befüllt unsere Lunge mit Sauerstoff, welcher anschließend durch die Lungenbläschen (Alveolen) ins Blut transportiert wird. Hierbei wird gleichzeitig Kohlenstoffdioxid ausgestoßen, welches im nächsten Schritt ausgeatmet wird. Es handelt sich im übertragenen Sinne um einen direkten Austausch.

Der Sauerstoff ist für unseren Körper überlebenswichtig: Er ist der Antrieb jeder Körperfunktion und neben Nährstoffen und Vitaminen Hauptnahrungsquelle des Gehirns und anderer Organe.

Kohlenstoffdioxid können wir hingegen nicht verarbeiten. Wenn unsere Sauerstoffzufuhr unterbrochen wird, ob durch luftdichte Räume oder Fremdeinwirkung, ersticken wir. Doch bevor der Tod eintritt, reagiert unser Körper, wenn er bemerkt, dass etwas nicht stimmt. Er gerät in Alarmbereitschaft, pumpt das sauerstoffarme Blut erst schneller durch den Körper und konzentriert sich schließlich auf das Gehirn, um zu überleben. Wir schwindeln, werden panisch und haben eventuell ein unangenehmes Gefühl in den Endgliedmaßen, weil diese zuerst von der Versorgung ausgeschlossen werden.

Natürlich breitet sich in solchen Momenten Panik aus. Doch während dies den Extremfall schildert, führt schnelles Atmen rasch zur Vorstufe.

Unsere Lungenflügel sind groß. Hektisches und flaches Atmen sorgt dafür, dass Sie ihre Kapazitäten nicht voll ausreizen können. Dann kann es schnell passieren, dass zu wenig Sauerstoff in Ihren Blutkreislauf gelangt. Das verkürzte Ausatmen verstärkt diesen Effekt zusätzlich – denn wenn zu wenig Sauerstoff eingeatmet und zu viel Kohlenstoffdioxid im Blut ist, wird unser Körper unausgeglichen und reagiert mit passenden Gegenmaßnahmen. Auch Sauerstoffarmut verursacht Stress – und wie Sie bereits gelernt haben, ist Stress der verlässliche Verstärker jeglichen Angst- und Unwohlseins.

ⓘ

Tiefes, kontrolliertes Ein- und Ausatmen macht sich also bezahlt:
Je tiefer wir einatmen, desto mehr Sauerstoff nehmen wir auf – und je länger wir ausatmen, desto mehr Kohlenstoffdioxid stoßen wir aus. Eine gesunde Sauerstoffzirkulation ist also unabdingbar für einen gesunden Körper und eine losgelöste Psyche.

Jetzt kennen Sie die Herkunft des gutgemeinten Rates, der in einer akuten Stresssituation so schrecklich unbrauchbar erscheint. Um die Umsetzung zu erleichtern, gibt es verschiedenste Atemübungen und Empfehlungen. Das gemeinsame Ziel: langsamer atmen, um Körper und Geist zu beruhigen und zu entlasten.

Einige Übungen werden nachfolgend geschildert.

In akuten Angst- und Stresssituationen sollten Sie Ihren Fokus allerdings zunächst darauf legen, Ihre Atmung ruhig zu halten. Machen Sie sich im Angesicht Ihrer Trigger nicht zusätzlich damit verrückt, ein Atemmuster einhalten zu müssen, sondern versuchen Sie in erster Linie, gleichmäßig und möglichst tief zu atmen.

Hinweis:
Während einiger Atemübungen könnte Ihnen schwindelig werden. Achten Sie daher auf eine sichere Umgebung und nehmen Sie sich die Zeit, die Übungen mindestens zweimal täglich für langfristige Erfolge zu wiederholen. Direkt hintereinander ausführen sollten Sie maximal vier Einheiten, um Ihren Kreislauf stabil zu halten. Ziehen Sie Ihr allgemeines körperliches Wohlergehen in Betracht, bevor Sie diese Übungen durchführen, und sprechen Sie im Zweifelsfall mit einem Arzt oder Fachpersonal, um sich nicht selbst zu gefährden.

- **4-7-8-Atmung**

Viele Atemübungen, auf die Sie treffen, haben auf den ersten Blick zahlenverschlüsselte Namen. Auch die 4-7-8-Atmung zählt dazu.

Sie soll Ihren Parasympathikus anregen – den Teil des Gehirns, der für die Entspannung zuständig ist. Mit diesem Atmungsmuster verfolgen Sie also ähnliche Körperreaktionen wie durch die progressive Muskelentspannung.

Die Zahlen lassen sich leicht übersetzen. Es handelt sich dabei um die Sekunden, die Sie sich nehmen sollen, um einen Atmungsschritt durchzugehen:

Atmen Sie zur Anwendung dieser Entspannungstechnik vier Sekunden tief ein, halten Sie die Luft dann für sieben Sekunden und nehmen Sie sich anschließend acht Sekunden Zeit, auszuatmen.

- **4-7-11-Atmung**

Eine ähnliche Atemübung, die Ihnen Energie und Entspannung verschafft, ist die 4-7-11-Atmung. Hier ist die Übersetzung der Ziffern etwas komplizierter. Außerdem müssen Sie ein wenig mehr Zeit einplanen, denn das Ziel ist, wie im Mittagsschlaf zu atmen. Die Schlafatmung entspannt uns am meisten, doch bis Sie Ihren Körper davon überzeugt haben, zu schlafen, können einige Minuten vergehen! Im Idealfall nehmen Sie sich deswegen insgesamt elf Minuten für die Durchführung. Das Ziel dieser Atemübung ist es, das Ausatmen nach und nach zu verlängern und sich auf diese Weise immer mehr dem Schlafatemrhythmus anzupassen. So atmen Sie schließlich deutlich mehr Kohlenstoffdioxid aus, als Ihr Körper produziert: Sie fühlen sich belebt, entspannt und erfrischt.

Vier Sekunden einatmen,
sieben Sekunden ausatmen,
elf Minuten durchführen.

Achten Sie darauf, vier Sekunden tief in den Bauch einzuatmen, ehe Sie ausatmen. Das muss nicht direkt sieben Sekunden dauern. Steigern Sie sich stattdessen, sodass Sie mit Entspannung an Ihr Ziel gelangen. Vielleicht beginnen Sie mit einer Atmung von 4:4. Nach einigen Durchgängen atmen Sie in einem Intervall von 4:6, ehe Sie das angestrebte 4:7-Atmungsmuster umsetzen können. Vergessen Sie nicht, dass Atemübungen für Entspannung sorgen sollen, ohne Ihre Lungenkapazität im übermäßigen Maß herauszufordern.

Da diese Übung relativ lang andauert, eignet es sich, Sie zuhause durchzuführen. Wenn Sie zum Beispiel kochen oder auf die Waschmaschine warten, aber auch, wenn Sie in der Badewanne liegen und entspannen möchten, findet sich schnell der perfekte Zeitpunkt zur zusätzlichen Entspannung.

- **Fünf-Finger-Atmung**

Die Fünf-Finger-Atmung hat zum Ziel, Ihr Gehirn zu überlasten. Wie Sie das entspannen soll? Indem Sie Ihr Gehirn mit vielen anderen Informationen überfordern, sollen die negativen Gedanken in den Hintergrund rücken oder unterdrückt werden. Das bewerkstelligen Sie, indem Sie aktiv möglichst viele Sinne nutzen und Ihrem Hirn zu verstehen geben: Hier spielt die Musik. Das ist gerade wichtig und hierauf musst du dich jetzt konzentrieren.

Sie machen sich also die Schwächen Ihres Kopfes zu eigen und füttern ihn mithilfe dieser Atemübung mit zusätzlichen Informationen, wenn Ihre Gedanken überlaufen. Indem Sie Ihr Arbeitsgedächtnis – also den Teil, der das Hier und Jetzt verantwortet – überfluten, sodass kein Platz mehr für Ihre Sorgen bleibt, können Sie von überschüssigen Emotionen absagen.

Bei der Fünf-Finger-Atmung ist also Multitasking gefragt!

Legen Sie dafür den Zeigefinger der einen Hand an den äußeren Ansatz des kleinen Fingers der anderen Hand. Fahren Sie langsam bis zur Fingerkuppe hoch und atmen Sie dabei tief ein.

Verharren Sie für einen Moment an Ihrer Fingerspitze, ehe Sie weiter zum Ansatz des Ringfingers streicheln und dabei tief ausatmen.

Verbleiben Sie auch hier einen Moment und wiederholen Sie die Übung mit allen weiteren Fingern. Denselben Weg führen Sie anschließend über Daumen-, Zeige-, Mittel-, Ring- und kleinen Finger zurück.

Und sehen Sie gut dabei hin!

Auf diese Weise überreizen Sie Ihren Körper (keine Sorge, diese Überreizung werden Sie vermutlich nicht als unangenehm empfinden) mit möglichst vielen Sinnen, wodurch Ihr Fokus allmählich von den negativen Gedanken weggelenkt wird. Sie sehen nicht nur, sondern fühlen auch mit beiden Händen, atmen ein, arbeiten ebenfalls motorisch und konzentrieren sich auf bestimmte Bewegungsabläufe. Dabei muss Ihr Gehirn alles Unwesentliche in den Hintergrund stellen oder zumindest in seinen Prioritäten neu einordnen. Es handelt sich also um die perfekte Übung in einer akuten Angstsituation.

- **Resonanzatmung**

Resonanz bedeutet Mitschwingen. Und genau darum geht es bei dieser Atemübung: Mit ihrer Hilfe können Sie lernen, gleichmäßig ein- und auszuatmen. Ihre Ein- und Ausatmung pendeln sich also ein. Wussten Sie, dass die meisten Menschen grundsätzlich in falschen Längen atmen? Damit Sie das Atmen neu erlernen können, hilft diese einfache Übung:

Setzen Sie sich aufrecht hin und atmen Sie lange ein. Stoppen Sie die Zeit auf fünf Sekunden und atmen Sie anschließend genauso lang wieder aus. Wiederholen Sie diese Übung mehrmals.

Auf diese Weise beruhigen Sie Ihren Kreislauf, das Herz und die Lunge. Vor allem nach einer Panikattacke samt Schwindel und Herzrasen kann Ihnen die Resonanzatmung helfen, zur Ruhe zu kommen.

Vermutlich atmen Sie bei einem normalen Atemzug keine fünf Sekunden ein und aus. Trotzdem kann diese Übung Sie an das längere Ausatmen heranführen, welches sonst fahrlässig übergangen wird.

Bei der Frage, wie lange man ausatmen soll, scheiden sich die Geister: Der Piper-Verlag spricht auf seiner Website beispielsweise von einem gleichmäßigen Ein- und Ausatmen wie bei der Resonanzatmung. 5,5 Sekunden pro Atemphase sollen gesund sein (Stand: 26.06.204). Die Techniker Krankenkasse meint auf Basis ihrer Patientenakten das Gegenteil: Doppelt so langes Ausatmen wie Einatmen soll die Divise sein, die Ihren Körper mit der optimalen Sauerstoffzufuhr versorgt (Stand: 26.06.2024).

Nur wie man richtig atmet, dabei ist sich jeder einig: Mund zu und Nase auf. Zumindest im Ruhezustand ist die gesündeste Atmung durch die Nase, denn hier wird die Luft gefiltert und gesäubert. Außerdem wirkt sich die Nasenatmung positiv auf das Gehirn aus.

Meditation und Achtsamkeit

Um die Reise durch diese Kapitel rund um das Thema Entspannung abzuschließen, werden Sie sich im Folgenden intensiv mit den Themen des Körperempfindens und In-sich-Horchens auseinandersetzen. Sie haben intensiv gelernt, wie sich Ihr Körpergefühl und Ihre Emetophobie miteinander vermischen und sich gegenseitig bedingen. Auch wissen Sie jetzt, wie wichtig es ist, eine gesunde Einstellung zu seiner Umwelt zu entwickeln. Doch um langfristige Erfolge für ein phobiefreies Leben erzielen zu können, ist es mindestens genauso wichtig, dass Sie mit Ihrem Körper in Einklang kommen.

Achtsamkeit ist hierbei der erste Schritt, den es braucht, um seine Ängste einzuordnen und sich selbst zu verstehen. Doch wodurch definiert sie sich? Ist Ihr erster Gedanke „Achtsamkeit ist, die Dinge in Ihrer Umgebung wahrzunehmen, die Sie sonst ignorieren"? Und während das eine ziemlich genaue Begriffsdefinition darstellt, ist die Frage, worauf es denn ankommt und weshalb diese Weltwahrnehmung Ihnen mit Ihrem Krankheitsbild helfen kann, in dieser Aussage unbeantwortet.

Achtsamkeit bedeutet, nicht nur die äußeren Umstände, sondern auch sich selbst neu kennenzulernen. Es bedeutet, einem Geschehen zu begegnen, ohne es zu bewerten. Wenn Sie Achtsamkeit üben, werden Sie zum stummen Beobachter, der objektiv wahrnimmt, was genau gerade geschieht – ohne Schlüsse für die Zukunft zu ziehen oder Emotionen den Platz zu bieten, einen Umstand subjektiv einzuordnen. Und genau das geschieht, wenn Sie irrationale Ängste verspüren.

Ein achtsamer Lebensstil kann stresshemmend und beruhigend sein und Ihnen helfen, bei direkter Konfrontation mit Ihren Triggern Ruhe zu bewahren. Wenn Sie eine Person wachsam beobachten, die sich übergibt, können

Sie lernen, nur den Vorgang des Erbrechens zu sehen, nicht aber das Erbrechen als Ihren Trigger. Mit Achtsamkeit erlernen Sie nämlich einen objektiven Lebensstil, bei dem Sie nur das Jetzt erleben. Da die Angst vor zukünftiger Gefahr schützen möchte, tritt sie automatisch in den Hintergrund.

Um diese Fähigkeit zu schulen, eignet sich z. B. die sogenannte Achtsamkeitsmeditation. Dieser Begriff umfasst alle meditativen Übungen, die zum Ziel haben, in sich und seine Umwelt zu horchen, ohne zu werten. Achtsamkeitsmeditation erfordert Konzentration, die wir auf die Umwelt projizieren, Klarheit, um auch die beiläufigen Dinge wahrzunehmen, die uns eigentlich entgehen, und Gleichmut, mit dem Sie keine Situation wertend angehen.

Diese drei Fähigkeiten sind Ihnen nicht fremd – doch wenn Sie in sich horchen, fällt Ihnen womöglich auf, dass Sie sie nur selten anwenden und in bestimmten Situationen des alltäglichen Lebens sogar ganz vergessen bzw. unfähig sind, sich auf das Jetzt zu konzentrieren.

Die gute Neuigkeit? Sie lernen nie aus und können alle genannten Indikatoren für ein achtsames Leben weiterentwickeln und verbessern. Allerdings braucht es dafür Zeit und Regelmäßigkeit.

Doch worum geht es nun konkret bei der Achtsamkeitsmeditation?

Stellen Sie sich die Meditation als Klassenzimmer vor, in dem Sie einst die Grundrechenarten erlernt haben. Außerhalb des Unterrichts können Sie Ihre Kopfrechenfähigkeiten selbstverständlich auch ohne den Schulstoff trainieren. Das geschieht durch regelmäßiges Anwenden, beispielsweise beim Überschlagen im Supermarkt. Mit Achtsamkeit an sich verläuft es ähnlich: Obwohl Meditation eine optimale Lernumgebung bietet, ist der achtsame Weg durch den Alltag jener, der Sie wahrhaftig lehrt, Ihre Fähigkeiten anzuwenden.

Deswegen müssen Sie sich von der Idee von Meditation und Achtsamkeit nicht direkt lossagen, wenn Sie tagtäglich einen vollen Terminplan haben. Jeder Moment, in dem Sie Achtsamkeit üben, ist ein Moment, der Ihnen seelische Gesundheit bringt – und das belegt sogar die Wissenschaft! So werden Sie nachweislich stressbefreiter. Langfristige Meditation wirkt sich noch dazu positiv auf Ihre Gehirnstrukturen aus, bildet Sie aus und stärkt das Konzentrations- und Erinnerungsvermögen.

Und wie können Sie Ihre Fähigkeiten zur Achtsamkeit mit Meditation verbessern?

Bei der Achtsamkeitsmeditation gilt: Kleine Schritte sind der Weg.

Konzentrieren Sie sich zu Beginn auf ein einzelnes Körperempfinden oder eine einzelne Emotion, die Sie ergründen möchten. Dies kann Ihre chronische Übelkeit oder die Angst vor Erbrochenem sein, aber auch Trivialeres wie das Weiten und Zusammenziehen Ihres Zwerchfells beim Atmen. Besonders zu

Anfang, wenn Ihnen die Materie noch fremd ist, kann es sein, die augenscheinlich alltäglichen Dinge des Körpers genauer zu beobachten. Anbei nun eine kleine Anleitung:

Audiodatei 1

- Setzen Sie sich bequem und aufrecht hin. Am besten suchen Sie eine Position, die Sie über mehrere Minuten hinweg halten können – beispielsweise frei im Schneidersitz oder an eine Wand gelehnt.
- Wenn Sie möchten, können Sie sich einen Timer stellen. Benutzen Sie beispielsweise Ihren (Telefon-) Wecker oder das Ringen einer Eieruhr und stellen Sie so sicher, dass Sie sich einige Minuten für die tägliche Meditation Zeit nehmen, um sich voll und ganz auf die achtsame Entdeckung Ihres Selbst konzentrieren zu können. Der Weckton muss dabei nicht laut sein. Sie möchten in Stille meditieren und müssen deswegen nicht abrupt aus Ihrer Meditation gerissen werden. Ein seichtes Klingen genügt.
- Schließen Sie nun die Augen und kommen Sie zur Ruhe. Konzentrieren Sie sich auf Ihre tiefe und langsame Atmung und fühlen Sie nach, wie sie sich auf Ihren Körper auswirkt – wie die Luft durch Ihre Nase in Ihre Lunge führt, wie sich Ihr Körper weitet und jeder Atemzug Ihnen zu neuer Lebenskraft verhilft. Versuchen Sie zunächst, diese objektiven und intensiven Beobachtungen aufrechtzuerhalten, und versuchen Sie, die allgegenwärtigen Gedanken dabei in den Hintergrund zu stellen.
- Versuchen Sie nicht, an Nichts zu denken! Denn je dringender Sie alle abwegigen Gedanken loswerden möchten, desto stärker fallen diese auf Sie zurück. Akzeptieren Sie auch die negativen Gedanken und lassen Sie sie zu – denn wenn Sie sich stark auf Ihren Körper konzentrieren, wird der Fokus ganz von allein von ihnen abfallen. Mit genug Übung werden auch die Sorgen, die Ihnen die Emetophobie bereitet, in den Hintergrund treten, weil Sie ihnen den Raum nehmen.
- Sobald die Meditationsphase beendet ist, bleiben Sie noch für einen Moment entspannt sitzen. Versuchen Sie anschließend, die aufgebaute Konzentration auf Ihr folgendes Tun zu übertragen: Spüren Sie zum Beispiel, wie Ihre Beine arbeiten, wenn Sie sich erheben, und wie das alltägliche Leben in seinen Einzelheiten abläuft. Achten Sie beim Essen auf das Gefühl von Essen in Ihrem Mund, beim Putzen auf die Wahrnehmung durch Ihre Finger und die Bewegungen Ihrer Arme.

Achtsamkeit bedeutet, sich jedes Schrittes bewusstzuwerden – auch im alltäglichen Leben.

Mit der Meditationsübung haben Sie die erste Unterrichtsstunde im Klassenraum erfolgreich absolviert. Nun geht es mit dem Wissen in die Außenwelt – in das Leben, welches nicht immer die perfekten Bedingungen bietet, um stets achtsam sein zu können. Dennoch können Sie Achtsamkeit in Ihren Alltag integrieren:

Bei akuten Angstgefühlen kann es z. B. helfen, wenn Sie sich vollkommen auf sich selbst konzentrieren. Ballen Sie Ihre Fäuste, fühlen Sie ihnen nach. Atmen Sie und versuchen Sie, zu beobachten, was Sie in der Meditation erkannt haben.

Seien Sie geduldig und erwarten Sie nicht, dass die Achtsamkeit das Allheilmittel all Ihrer Sorgen ist – denn das ist sie nicht. Wenn Sie sich zu sehr versteifen und Ihr Körper in Panik ausbricht, ohne dass Sie ihn beruhigen können, werden Sie nicht in der Lage dazu sein, Achtsamkeit walten zu lassen. Wobei ein tiefgehendes Wahrnehmen der Umwelt allerdings durchaus hilft, ist, seine innere Ruhe zu finden, sich in Geduld zu lehren und objektiver an einen Umstand heranzutreten. Mit der richtigen Objektivität, aber auch mit dem klaren Verständnis dessen, was im Hier und Jetzt geschieht, können Sie Ihre Emetophobie regulieren und Gefahrensituationen die Bedrohlichkeit nehmen.

Schließlich erkennt Ihr Körper in einer schwangeren Dame oder einem Kind kein Risiko mehr, sondern eben nur eine schwangere Dame und ein Kind, welche den Tag genießen und Ihre Wege gehen.

Mentale Techniken

Entspannung mindert Stressgedanken und trägt einen wesentlichen Teil zu einer dauerhaft gesunden Psyche bei. Doch wenn Sie an Emetophobie leiden, liegt der Fokus nicht nur auf dem Erhalt eines gesunden Seelenlebens, sondern umso stärker auf dem Wiedererlangen der Angstfreiheit im Alltag. Sie können unzählige Strategien erlernen, die Ihnen in Stresssituationen helfen, doch in diesem Kapitel möchten Sie das Problem an der Wurzel packen.

Wie können Sie Ihre Psyche umstrukturieren? Und können Sie das privat oder sollten Sie dafür lieber einen Psychotherapeuten besuchen?

Vorweg:
Natürlich wird Fachpersonal Sie immer individuell betreuen können. Riskieren Sie Ihre Gesundheit im Zweifelsfall nicht im Selbstversuch – auch, wenn sich die meisten Tipps und Tricks in diesem Kapitel „nur" mit dem Erkennen und Identifizieren Ihrer Angstmuster auseinandersetzen.

Erkennen negativer Gedanken und kognitive Umstrukturierung

Der Grundbaustein der Emetophobie ist die Angst vor dem Erbrechen in verschiedensten Formen. Ihre Gedanken laufen über, Sie fühlen sich elend, womöglich haben Sie Todesangst – und das in den Augen Ihrer Angehörigen vollkommen unbegründet.

Den wahren Grund für Ihre eigene Angst kennen Sie womöglich selbst nicht. Sie erinnern sich wohl an ein traumatisches Ereignis in Ihrer Vergangenheit, daran, wie sehr Sie sich an diesem Tag geekelt und verängstigt gefühlt haben. Nun möchten Sie endlich in eine Zukunft ohne Angststörung blicken. Doch Ihr Kopf spielt einfach nicht mit, will sich nicht von seinen Erinnerungen und Überzeugungen lösen. Auf Ihrem Heilungsweg stehen Ihnen die Angstgedanken im Weg!

Seit Ausbruch Ihrer Angsterkrankung scheint irgendetwas in Ihren Gedanken zu blockieren. Es ist, als laufe etwas gewaltig schief: Ihre Kognition hat sich voll und ganz auf Ihr Angstverhalten eingestellt.

> ⓘ
>
> In der Psychologie umfasst der Begriff Kognition ein großes Feld der individuellen Handlungen und Denkweisen. In erster Linie beschreibt er vor allem eines: die persönlichen Einstellungen und Denkweisen, die unser Handeln in eine bestimmte Richtung drängen. Kognition bedeutet also Wahrnehmen, Denken, Lernen, Erinnern und Umsetzen.

Bevor Sie sich mit der kognitiven Umstrukturierung befassen, um Ihre Ängste zu mildern, sollten Sie zunächst betrachten, in welchem Zusammenhang diese vier Aspekte der Kognition mit Ihrer Angststörung stehen. Weil Sie und Ihre Emetophobie individuell sind und persönliche Antriebe haben, lässt sich an dieser Stelle nicht ins Detail gehen, doch ein sehr oberflächliches und allgemeines Beispiel könnte im Falle Ihrer Angsterkrankung so ähnlich aussehen:

- Nach einer Mahlzeit fühlen Sie sich unwohl. Ihr Magen schmerzt, gelegentlich stoßen Sie auf.
- Diese Gefühle nehmen Sie sehr deutlich wahr.
- Die Gefühle machen Ihnen Angst, lassen Sie vermuten, sich bald übergeben zu müssen.
- Ihr Denken ist fest auf diese schreckliche Empfindung fixiert.
- Sie könnten in etwa denken: „Natürlich ist die Mahlzeit daran schuld! Hätte ich nichts gegessen, würde mir jetzt nicht flau sein!“
- Diesen Schluss ziehen Sie aus Ihrem Zustand. Sie lernen bzw. verinnerlichen, dass (dieses spezifische) Essen schlecht ist.

- Als Sie einige Wochen später dieselbe Speise einnehmen wollen, werden Sie bei der Erinnerung ganz steif.
- Sie haben aus Ihrem letzten Fehler gelernt und verweigern das Essen, reagieren also anscheinend lösungsorientiert. Womöglich wird Ihnen bei der bloßen Erinnerung schlecht und Sie beginnen, unter Angstzuständen zu leiden. Der Teufelskreis geht danach wieder von vorne los.

Aus wissenschaftlicher Sicht bedeutet der Vorgang des kognitiven Lernens, Verständnis für die neue Situation zu entwickeln und zu filtern, ob das neu Erlernte mit dem Alten harmoniert und zusammenhängt (bspw. negativ assoziiertes Essen = Auslöser Ihrer Übelkeit). Dieses neue Wissen wird dann im Gedächtnis eingebettet und mit den passenden Wissenssträngen verbunden. Schließlich wird es angewendet und zur neuen Grundlage Ihres Lernverhaltens (bspw. die Verweigerung des Essens).

Wie mächtig diese Art des Lernens ist, wird anhand Ihrer persönlichen Symptome deutlich: Ob es Lebensmittel sind, die Sie meiden, oder Orte – kognitiv sind Sie so eingestellt, dass gewisse Umstände Sie triggern, weil Sie negative Erfahrungen mit ihnen verbinden oder stark vermuten. Und diese Einstellung verstärkt nicht nur Ihre bestehenden Ängste, sondern kann sich in irrationalen Denkmustern immer weiter ausbreiten, indem Sie weitere negative Überlegungen an Ihrem Katastrophendenken anknüpfen lassen.

> Das Ziel der kognitiven Umstrukturierung besteht im Kern also darin, angeeignete negative Gedanken und Reaktionen in Bezug auf ein bestimmtes Thema (wie z.B. die Emetophobie) umzuändern – und je nachdem, wie lange Sie schon in Ihren emetophobischen Mustern leben, kann dies ganz schön knifflig sein.

Jetzt, da Sie die wesentlichen Lernprozesse Ihres Gehirns kennen und womöglich sogar mit Ihren eigenen Erfahrungen verknüpfen, ist der Grundstein gelegt, den Sie zur Umstrukturierung brauchen: Sie wissen jetzt, wie Sie

- einen offensichtlichen Gedanken zum Umstrukturieren finden können und
- diesen Gedanken zurückverfolgen.

Doch nicht nur die offensichtlich negativen Gedanken sind zur Korrektur verwendbar. Solche kognitiven Verzerrungen tauchen in unzähligen Versionen und Formen auf. Eine Angst, welche so tief sitzt, wie eine Emetophobie, die Ihren gesamten Lebensalltag beeinträchtigt, kann nicht auf einige wenige Kerngedanken zurückgeführt werden. Stellen Sie sich Ihre Angststörung wie einen Trieb vor, dem nach und nach immer weitere Ästchen wachsen: Ihre

Emetophobie sitzt womöglich so tief in Ihnen, dass Sie bei einigen Gedankengängen gar nicht vermuten würden, dass sie unmittelbar mit ihr zusammenhängen.

Damit Sie lernen, auch einzelne Ästchen Ihrer Erkrankung zu erkennen, sollten Sie sich zunächst bewusstwerden, wie Ihr Leben durch kognitive Verzerrungen geprägt wird.

Ob Schwarz-Weiß- oder Katastrophendenken – ist Ihr Tag von negativen, beängstigenden Einstellungen geprägt?

> Sind Sie, wenn Sie das Haus verlassen, fest davon überzeugt, dass der Tag in einem Desaster enden wird? Überall umgeben Sie Trigger – und selbst, wenn gerade keiner zu sehen ist, lauert er sicherlich hinter der nächsten Ecke. Bei jeder Kurve dreht sich Ihnen der Magen um. Dieser Ausflug wird definitiv katastrophale Folgen haben. Und dann knurrt auch noch Ihr Magen. Seit zwei Tagen verzichten Sie bereits auf Essen, weil Sie wissen: Essen kann Ihnen nur schaden. Lieber hungern Sie, weil Sie es andernfalls sowieso nur bereuen würden.

Vielleicht sehen Ihre Lebenserfahrungen aber auch ganz anders aus. Vor allem, wenn Sie grundsätzlich ein ängstlicherer Mensch sind, neigen Sie womöglich zu Übergeneralisierungen und schließen von einer Erfahrung auf alle anderen:

> Vor einigen Jahren haben Sie zum ersten Mal ein Dorffest besucht. Damals war es nicht mehr als ein großes Besäufnis des Schützenvereins, ehe die ersten Trinker angefangen haben, sich zu übergeben. Seitdem sind Sie nie wieder dorthin gegangen – und definitiv werden Sie an keiner Feier mehr teilnehmen, an der der Schützenverein mitwirkt.

Ein kurzer Überblick über weitere kognitive Verzerrungen, auf die Sie stoßen könnten

Neben den kognitiven Verzerrungen, die Sie bereits kennenlernen durften, gibt es allerdings noch eine Menge anderer Denkfehler. Ein paar davon werden Ihnen in der folgenden Tabelle zusätzlich erklärt:

Name der kognitiven Verzerrung	Was bedeutet das genau?	Beispiele: Wie könnte das bei einer Emetophobie aussehen?
Externaler Attributionsfehler	Der externale Attributionsfehler beschreibt die Tendenz, Gründe für sein eigenes Verhalten im Verhalten anderer	„Ich habe Angst, rauszugehen, da manche Leute sehr viel essen und sich als Folge dessen übergeben könnten.“

	Menschen zu suchen oder durch andere äußere Umstände zu erklären.	„Ich möchte nicht ins Restaurant gehen, da das Essen sicherlich nicht hygienisch zubereitet und das Geschirr nicht richtig gewaschen wird."
Barnum-Effekt	Der Barnum-Effekt bezieht sich auf die menschliche Neigung, von allgemeinen Aussagen auf sich selbst zu schließen, obwohl sie gar nicht persönlich auf einen zugeschnitten sind.	Sie lesen in einer Zeitschrift, dass viele Leute einen empfindlichen Verdauungstrakt haben. Folglich gehen Sie davon aus, dass das auch auf Sie und all Ihre Mitmenschen zutreffen muss.
Confirmation Bias	Der Confirmation Bias ist auch bekannt als Bestätigungsfehler. Er beschreibt, dass Menschen sich gezielt nur die Informationen heraussuchen, die ihre persönlichen Überzeugungen und Annahmen bestätigen. Alles, was widersprüchlich ist, wird dabei nicht beachtet.	Sie erinnern sich an ein erlebtes Ereignis, welches mit dem Thema Erbrechen zusammenhängt. Dieses Ereignis war sehr belastend für Sie. Eine solche Situation möchten Sie künftig nicht noch einmal erleben. Ihr Umfeld versucht, Sie davon zu überzeugen, dass das wahrscheinlich nicht noch einmal passieren wird. Sie suchen nun gezielt Informationen raus, z. B. über die Häufigkeit und Symptome von Magen-Darm-Grippen in der aktuellen Jahreszeit, um Ihre Ängste zu validieren. Diese Informationen präsentieren Sie Ihrem Umfeld, um diesem zu zeigen, dass die Furcht nicht unbegründet ist. Andere Informationen, wie z. B., dass die meisten Leute mit einem solchen Infekt eher zuhause im Bett bleiben

		und nicht in die Öffentlichkeit gehen, ignorieren Sie.
Peak-End-Rule	Das ist ein Denkfehler, bei dem Menschen sich später hauptsächlich an den intensivsten Moment einer Erfahrung sowie das Ende dieser erinnern. Diese zwei Punkte werden folglich auch am stärksten bewertet.	Sie erinnern sich an eine Situation, die im Kontext des Erbrechens stattgefunden hat. Vor allem ist Ihnen das Gefühl des Unwohlseins und der Angst, welches Sie währenddessen verspürten, im Kopf geblieben. Auch an das erleichternde Ende der Situation können Sie sich erinnern. Ihre Gesamterfahrung wird durch diese beiden Momente stark geprägt, indem die eher weniger intensiven Momente des Ereignisses in den Hintergrund treten oder gar ignoriert werden. Sie denken folglich nur an die unmittelbare Stresssituation und die erlösende Erleichterung.

Kognitive Verzerrungen stehen nicht immer konkret mit akuter Angst in Verbindung. Gerade, weil sie an verschiedenen Lernprozessen beteiligt sind, können sie Ihr Tun in vielerlei Hinsicht einschränken. Wenn Sie zunächst aus Ekel vor dem Alkoholkonsum und dem Erbrechen nach Hause gegangen sind, schränken Sie im nächsten Schritt Ihr gesamtes Ausgehverhalten ein. Womöglich wissen Sie ab einem bestimmten Zeitpunkt nicht mehr, weshalb Sie sich so sehr gegen den Schützenverein sträuben, doch Ihre gesamten Gedanken sind demgegenüber voreingenommen.

Setzen Sie sich im Folgenden also mit allen negativen Grundeinstellungen auseinander, die Ihnen einfallen. Meist wird Ihnen erst dann bewusst, dass einige Ihrer negativen Gedanken aufeinander aufbauen. Das erste Ziel der kognitiven Umstrukturierung ist es, in sich zu gehen und die Wurzeln der negativen Gedanken zu finden. Hierbei kann Achtsamkeitsmeditation Ihnen behilflich sein. Haben Sie eine Situation erkannt, die Ihren Phobiealltag prägt, beginnen Sie die eigentliche Umstrukturierung.

Arbeiten Sie nach dem ABC-Modell von Albert Ellis. Dabei handelt es sich um eine Form der Analyse eines Umstandes.

Jeder Letter steht hierbei für eine Funktion:

A steht für den Trigger, den Auslöser oder die Situation,

B steht für die Gedanken und die Bewertung, die Sie der Situation zukommen lassen, und

C steht für die direkt resultierende Konsequenz unserer Gefühle und Gedanken.

> Bei dem Anblick von Erbrochenem (A) werde ich in Panik verfallen (B), weswegen ich mich dauerhaft von meinem sozialen Umfeld losgelöst habe, um Erbrochenes unter allen Umständen zu vermeiden (C).

Wenn Sie einen Trigger auf diese Weise analysieren, erlangen Sie eine direkte Auf- und Einteilung: Erkennen Sie, dass es nicht der Trigger ist, der Ihnen Angst macht, sondern die Gedanken, die Sie mit ihm verbinden?

Jetzt geht es daran, Ihre Gedanken positiv zu verändern – am besten gelingt dies außerhalb einer Stresssituation in einem bekannten und sicheren Umfeld. Setzen Sie sich zum Beispiel zuhause auf die Couch unter eine Decke und schalten Sie ab. Seien Sie offen dafür, Ihre Gefühle, Trigger und Ängste von außen zu betrachten. Am besten funktioniert dies, wenn Sie sich vorstellen, eine andere Person zu analysieren. Sehen Sie sich als Fremden und schaffen Sie möglichst große Distanz zu Ihrer Angststörung.

Dann arbeiten Sie am besten mit folgenden Fragen:

- Ist diese Angst berechtigt? Hat dieser negative Gedanke Bestand?
- Was ist das Schlimmste, was passieren kann, wenn diese Angst eintritt?
- Welche anderen Szenarien können eintreten? Welche Möglichkeiten gibt es außerhalb Ihrer Überzeugungen?

Arbeiten Sie die dritte Frage weiter heraus. Sammeln Sie mit ihr positive Affirmationen, die Sie ausbauen. Welche Folgen hätte das Beste, was Ihnen widerfahren könnte? Wandeln Sie Ihre negativen Gedanken und Befürchtungen bewusst in positive Ansätze und Ansporne um, mit denen Sie sich umgeben können, um Ihren Ängsten die Stirn zu bieten.

Stellen Sie sich beispielsweise vor, Sie möchten einen guten Freund oder eine gute Freundin treffen – aber Ihre Emetophobie erinnert Sie nachdrücklich daran, dass Sie oder Ihr Treffen sich übergeben könnten, dass Ihre Umwelt voller Krankheitserreger ist und dass Sie das Haus heute unter gar keinen Umständen verlassen sollten.

- **Inwiefern sollten Sie diesem negativen Gedanken Platz bieten?**

Denken Sie nach: Wäre die Welt dort draußen so gefährlich und voller Trigger, würde man sich vermutlich gar nicht draußen mit Ihnen treffen wollen. Wann haben Sie sich das letzte Mal übergeben? Haben Sie schon einmal erlebt, wie sich Ihre Verabredung übergeben hat? Nein? Dann sind diese Gedanken womöglich eher unrealistisch.

- **Was sollte passieren, wenn Sie doch Zeuge davon werden, wie sich Ihr Bekannter übergibt? Was können Erbrochenes und Erbrechen Ihnen in der Praxis antun?**

Im Fall der Fälle blieben Sie auf Distanz. Sie würden sich unwohl fühlen, sogar sehr, doch letztendlich würde Ihr Bekannter Sie nicht dazu zwingen, zu bleiben oder mit dem Erbrochenen in Berührung zu kommen. Und selbst, wenn das geschehen würde: Welche Folgen hätte die direkte Berührung mit Erbrochenem für Sie und Ihr Leben? Abgesehen davon, dass Ihnen der Kontakt unangenehm ist, gibt es keine tatsächlich gesundheitlich bedingten Folgen. Rein objektiv würden Sie sich in Sicherheit befinden.

- **Was könnten Sie verpassen, wenn Sie das Treffen absagen?**

Viel Spaß und einen schönen Tag. Vielleicht hat Ihr Treffen gute Neuigkeiten für Sie oder Sie erleben etwas, was Ihnen große Freude bereitet und positiv in Ihren Erinnerungen bleibt.

Wie fällt Ihre Entscheidung aus? Lernen Sie, Realität, Vorstellungen und Möglichkeiten abzuwägen und Ihre Angstgefühle objektiv und realistisch zu ersetzen.

> Arbeiten Sie mit Stift und Papier. Auf diese Weise können Sie Ihre Schlüsse nicht nur nachverfolgen und ordnen, sondern auch im Akutfall darauf zurückgreifen. Wenn Sie auf einen handlichen Block schreiben, können Sie sich im Ernstfall direkt vor Augen führen, was an Ihrem Angstverhalten irrational und sinnlos ist.

Erkennen Sie negative Emotionen und Bewertungen in der Praxis

Ihre Kognition können Sie natürlich nicht nur zuhause auf dem Sofa analysieren. Auch unterwegs können Sie beginnen, Ihre Gedanken zu hinterfragen.

Wenn Sie das nächste Mal durch die leeren Gassen gehen und sich negative Gedanken ankündigen, bieten Sie Ihnen die Stirn. Sagen Sie klar „Stopp“ und unterbrechen Sie das Unwohlsein, das in Ihnen aufkommt. Das erfordert etwas Übung, ist aber letztendlich eine effektive Methode, um negative Gedankenspiralen zu unterbinden.

Fragen Sie sich dabei ebenfalls: Inwiefern ist dieser Gedanke jetzt gerade berechtigt?

Lernen Sie aus Ihren Selbstanalysen, die Sie zuhause angefertigt haben, und versuchen Sie, bekannte, unberechtigte Verhalten und Gedanken ausfindig zu machen. Befinden Sie sich in diesem Moment wieder in einer nahezu unrealistischen Angsterwartung?

Atmen Sie durch und suchen Sie nach Hinweisen.

Was in Ihrer Umwelt legt Ihnen gerade nahe, dass Ihre Befürchtungen wirklich zutreffen? Besonders bei der Angst vor dem Erbrochenen können Sie Gefahren oftmals an einem säuerlichen Geruch in der Luft oder dazugehörigen

Geräuschen erkennen. Setzen Sie sich intensiv mit Ihrer Wahrnehmung auseinander und wiederholen Sie anschließend die Frage: Wovor und warum habe ich jetzt gerade Angst?

Wenn Sie Ihren eigenen Gedanken nicht vertrauen, probieren Sie einen Perspektivenwechsel.

Hinterfragen Sie, wie jemand ohne Ihre Angsterkrankung die Situation bewerten würde – und zwar rein objektiv. Würde er aus der aktuellen Situation dieselben Schlüsse ziehen können oder würde er denken, dass man meinen würde, Sie würden übertreiben? Hinterfragen Sie weiter, weshalb man diese Behauptung aufstellen und bei welchen Argumentationen Ihrer Ängste ein Nichterkrankter die Brauen heben könnte.

Betrachten Sie diese Punkte anschließend selbst: Ist Ihre Angst in dieser Situation womöglich wirklich unangemessen?

Führen Sie eine Liste. Ob Sie die Ereignisse aufschreiben wollen oder nur eine Strichliste führen, ist egal, doch dokumentieren Sie jedes Mal, wenn Sie etwas Schreckliches befürchtet haben, wie die Situation tatsächlich ausgegangen ist. Wenn Ihnen der Gedanke an Essen Unwohlsein bereitet, können Sie zum Beispiel folgende Strichliste führen:

Angst: Erbrechen nach Essen / **Ausgang der Situation:** Keine Symptome

Gleiches gilt für das Ausgehen und die Treffen mit Freunden. Notieren Sie und vergegenwärtigen Sie sich, inwiefern Ihre Befürchtungen zutreffen. Auf diese Weise können Sie sich selbst effektiv vor Augen führen, ob all Ihre Ängste in Ihrem Ausmaß berechtigt sind oder nicht, und gleichzeitig argumentativ gegen Ihre Angst vorgehen.

Die Herausforderungen versteckter irrationaler Überzeugungen

Zuletzt haben Sie gelernt, wie Sie negative, unrealistische Gedanken erkennen und in positive, logische Gedankenansätze umwandeln können – doch in der Praxis werden Sie vor allem eines sehr schnell feststellen: Einige Überzeugungen haben Sie so fest im Griff, dass es keine andere Möglichkeit geben kann. Sprich: Einige negative Überzeugungen können (laut Ihnen) nicht irrational sein, sondern sind, wie sie sind.

So wie wenn sich jemand nach tiefem Fall einen Knochen brechen muss, stehen Sie in Ihrer inneren Gedankenwelt Tatsachen gegenüber, die aus anderer Sicht einfach keinen Sinn ergeben. Egal, wie sehr Sie es versuchen, womöglich sind Sie so in Ihrer Angst festgefahren, dass es weder ein Vor noch ein Zurück gibt. Ob es sich dabei um die Überzeugung handelt, dass Sie im Fall der Fälle an Ihrem Erbrechen ersticken würden oder Ihre Mitmenschen

Sie mit Magen-Darm-Viren infizieren müssen, würden Sie sie in Ihre Nähe lassen ... vor allem, wenn Sie sich aus einigen Lebensbereichen völlig zurückgezogen haben, ist es schwer, die eigene Logik zu hinterfragen – weil Sie es schlicht und ergreifend nicht mehr anders kennen. Und was Sie nicht anders kennen, ist schwer, aus einer anderen Perspektive zu beleuchten.

Deswegen setzt sich dieses Unterkapitel mit den Herausforderungen Ihrer verborgenen irrationalen Überzeugungen auseinander und damit, wie Sie sie hinter sich lassen können.

Im Kampf gegen Ihre irrationalen Gedanken kämpfen Sie gewissermaßen gegen sich selbst. Es ist, als würden Sie sprichwörtlich gegen eine Mauer reden, wenn Sie sich in Ihren Gedanken korrigieren möchten. Um die Herausforderungen irrationaler Überzeugungen zu bewältigen, sollten Sie sich zum Ziel setzen, diese Mauer zu durchbrechen. Doch woher wissen Sie, welche Erwartungen Sie an Ihren eigenen Kopf zu stellen haben, wenn die Gedanken, die Sie quälen, vollkommen normal und richtig für Sie erscheinen?

> Die größte Herausforderung, die irrationale Gedanken bergen, ist, sie als solche zu erkennen und einzusehen: „Hier muss es doch einen anderen Weg geben!"

Manchmal ist dieser Weg einfach, manchmal werden Sie sich fühlen, als würden Sie vor einem paradoxen Mathematikrätsel stehen. Während Sie im vorigen Kapitel gelernt haben, woran man negative Gedanken identifizieren und wie man sie aufbröseln kann, möchten wir uns in diesem Kapitel alle Überzeugungen vornehmen, die Sie selbst womöglich nicht als negativ empfinden. Gerade deswegen ist es wichtig, dass Sie sich selbst aus einer möglichst objektiven Sicht zu betrachten lernen.

Am leichtesten ist es, verborgene irrationale Gedanken zu identifizieren, wenn Sie Ihre Reaktionen mit denen Ihres Umfelds und von Gesunden vergleichen. Vor allem die Herausforderungen, die mit Ihrer Emetophobie einhergehen, schränken Ihr Leben ungemein ein. Womöglich vermeiden Sie das Essen, das Ausgehen, das Anschauen von TV- und Streamingdiensten ... Wagen Sie es nicht einmal mehr, die Tageszeitung zu lesen oder in Ihrem Lieblingsbuch zu blättern? Was für andere offensichtlich mit Ihrer Angsterkrankung zusammenhängt, kann für Sie angeeigneter Alltag sein.

Dass Sie nicht in die Tageszeitung schauen, ist womöglich genauso normal für Sie, wie nicht in ein offenes Feuer zu laufen. Sie erkennen den Fehler nicht mehr, sondern akzeptieren ihn als Ihren individuellen Lebensstil, von dem Sie womöglich nicht einmal wissen, dass er Ihnen schadet. Diese Gewohnheiten in Kombination mit Ihrer Angststörung machen es schwierig, ein irrationales Denken oder irrationale Befürchtungen zu erkennen. Wenn Sie sich augenscheinlich elend bei allem fühlen, was Sie tun, können Sie gegebenenfalls nur eine gewisse Menge Negativität in Ihrem Alltag wahrnehmen und verkraften.

Obwohl jeder Mensch ein individuelles Leben führt, ist es daher hilfreich, verschiedene Menschen in Ihrem Umfeld zu beobachten. Das müssen keine engen Freunde sein. Auch Nachbarn oder Fremde auf der Straße können Ihnen näherbringen, wie ein gesunder Mensch sein Leben außerhalb von Phobien lebt. Am besten funktioniert das Beobachten an einem Ort, an dem sich viele Menschen treffen. Das bedeutet nicht, dass Sie sich direkt in die Massen begeben müssen. Bereits von außen können Sie lernen, wie andere mit einer Situation umgehen, die Sie womöglich heftigst stresst.

Fällt Ihnen am Beispiel Fremder auf, dass Sie anders sind?

Vielleicht beobachten Sie einen chinesischen Schnellimbiss, bei dem Sie ganz selbstverständlich niemals bestellen würden. Der Laden ist gut besucht, Menschen aller Altersklassen strömen ein und aus.

Stellen Sie sich dann ganz klar die Frage: Warum will ich dort nicht hingehen? „Das habe ich eben noch nie gemacht" oder „Ich will einfach nur nicht" sind dann keine Antwortmöglichkeiten. Fragen Sie sich immer weiter nach dem Warum. Womöglich finden Sie einen versteckten negativen Gedanken, der Ihnen sonst entgangen wäre. Ferner können Sie natürlich auch bei Freunden und Familie auf die Spur gehen. Besonders in der Bewältigungsphase Ihrer Angststörung kann es erleichternd sein, Fragen zu stellen. Sprechen Sie offen mit gesunden Menschen über verschiedene Lebensrealitäten, um zu entdecken, inwiefern Sie sich von anderen unterscheiden, sodass Sie selbstverständliche Gedanken aus anderer Perspektive zu betrachten lernen. Auf diese Weise erlangen Sie viel Input, um aus Ihren eigenen irrationalen Sackgassen zu finden.

Doch wie können Sie sich behelfen, wenn nichts Sinn zu ergeben scheint?

... denn manchmal ist der Input, den man bekommt, einfach nicht nachvollziehbar.

Wenn keine Erklärung hilft, um sich effektiv von einer stark verinnerlichten Routine zu distanzieren, hilft nur eines: Nehmen Sie sich die Aussagen Ihrer Mitmenschen zu Herzen und recherchieren Sie!

Besonders, wenn Sie direkt in Ihren Überzeugungen kritisiert werden, kann das mitunter schwer sein. Doch wenn Sie aus Ihrer irrationalen Angst herausfinden möchten, sollten Sie sich zu Herzen nehmen, was Ihr gesundes Umfeld Ihnen mit auf den Weg gibt. Im Kreislauf ständiger Angst und dauerhaft unter Stress reagieren Sie mitunter angegriffen, wenn Sie jemand kritisiert. Immerhin geben Sie sich Mühe und tun alles, was in Ihrer Macht steht, um den Lebensalltag zu bewältigen. Lernen Sie, offen zu sein, und scheuen Sie nicht, selbst Recherche zu betreiben, wenn Sie jemand darauf aufmerksam macht, dass Sie von irrationalen Überzeugungen gelenkt werden – denn wenn Ihnen bewusst ist, dass Sie unter einem irrationalen Gedanken leiden, sollten Sie sich darauf einstellen, auch unterbewusst diverse Überzeugungen in Ihre Vermeidungsstrategien eingebaut zu haben.

Entwicklung positiver Affirmationen

Beiläufig sind die Worte bereits bei der kognitiven Umstrukturierung gefallen: Positive Affirmationen sind Motivationen und Lebenseinstellungen, die Ihren Alltag erleichtern und das Leben lebenswerter machen sollen. Es handelt sich um Gedanken, die Ihnen in Angstphasen Sicherheit geben können oder Ihren allgemeinen Stresslevel senken. Gleichzeitig können sie positive Auswirkungen auf Ihr allgemeines Wohlergehen haben, indem sie Ihnen immer wieder vor Augen führen, dass Sie fähig sind, einer Situation standzuhalten, und richtig sind, wie Sie sind. Kurz: In diesem Unterkapitel sollen Sie gezielt lernen, wie Sie die dominierenden negativen Angstgedanken bewusst optimieren können, um Ihrer Emetophobie zukünftig mit neuem Elan und Optimismus entgegenzuwirken. Positive Affirmationen definieren sich durch kurze, positive Gedanken, die Sie regelmäßig wiederholen. Waren Sie schon einmal in einer triggernden Situation, in der Sie dachten „Augen zu und durch"? Das Ziel positiver Affirmationen ist es, dass Sie auch unter solchen Umständen bewusst zu sagen lernen: „Ich schaffe das." Mit kurzen positiven, dafür aber tief verinnerlichten Aussagen können Sie Ihr Selbstvertrauen schulen und lernen, Ihre Ängste zu zügeln – denn Angst zeugt von einem Gefühl der Machtlosigkeit. Sie nehmen sich also bewusst vor, nicht machtlos zu sein.

„Wenn Sie denken, es mündet in einer Katastrophe,
mündet es in einer Katastrophe."

Kommt Ihnen dieser Satz bekannt vor? In ihm steckt viel Wahrheit, denn Sorgen lassen uns versteifen und behindern uns, unser volles Potential auszuschöpfen und klar zu denken. Eine negative Grundeinstellung verstärkt Ihre Angst – und das erschwert Ihren Heilungsweg wesentlich.

Wie Sie handeln und sich fühlen, kommt auf Ihre Grundeinstellung an – die Ihres Geistes. Wenn Sie also von vornherein davon überzeugt sind, dass Ihr Einkauf heute in einer Katastrophe endet, wird Ihr Kopf dafür sorgen, dass Sie das Katastrophale mit jeder eventuellen Ungereimtheit intensiv spüren.

Deswegen sollten Sie lernen, auch negative Gedanken positiv zu äußern. Sie wollen ein angstfreies Leben führen und obwohl Sie wissen, dass eine Heilung Ihrer Phobie nicht binnen weniger Tage vollbracht sein wird, versuchen Sie, sich tagtäglich zu steigern und ein wenig mehr in den Alltag zurückzufinden. Werden Sie sich bewusst, dass Sie sich auf einem Heilungsweg befinden und dieser Weg mitunter steinig ist. Jeder noch so kleine Schritt zählt.

Wenn Sie das nächste Mal einen Film schauen möchten, denken Sie nicht daran, dass Sie darin womöglich mit dem Erbrechen konfrontiert werden könnten. Führen Sie sich stattdessen vor Augen, dass Sie auf dem Weg zur Heilung sind und Sie diesen Film gucken können, weil er Sie interessiert – dass Sie dieser augenscheinlichen Alltäglichkeit gewachsen sind und in diesem Moment einen weiteren Schritt in ein phobiefreies Leben machen.

Erinnern Sie sich tagtäglich daran, dass Sie heute wieder einen Schritt in die richtige Richtung machen werden und dass Sie selbst über Ihr Leben bestimmen können.

Auf diese Weise bieten Sie Ihren täglichen Dämonen die Stirn und tun sich selbst etwas Gutes. Natürlich werden positive Affirmationen nicht alle negativen Gedanken verdrängen oder über Nacht all Ihre Unsicherheiten beseitigen. Das ist aber auch nicht das Ziel dieser schlichten, aber effizienten Übung. Sie soll Ihr grundlegendes Denken in eine positive Richtung lenken, die Sie womöglich im Leiden unter Ihrer Emetophobie verloren haben. Deswegen sollten Sie diese Gedanken immerzu bejahend formulieren und über einen längeren Zeitraum regelmäßig wiederholen. Achten Sie außerdem darauf, dass Sie Ihre positiven Denkansätze allgemeingültig halten: Sie möchten nicht heute ein verändertes Leben führen, sondern immer. Worte wie „nicht", „kein" oder „ohne" bieten Ihrem negativ eingestellten Gehirn Platz, die Botschaft zu verzerren. Aus „Ich werde heute nicht auf die Mindesthaltbarkeitsdaten in meinem Kühlschrank schauen und mir wird nicht schlecht werden" wird „Ich werde heute ~~nicht~~ auf die Mindesthaltbarkeitsdaten in meinem Kühlschrank schauen und mir wird ~~nicht~~ schlecht werden".

Nehmen Sie sich stattdessen vor: „Ich werde mit allen haltbaren Lebensmitteln aus dem Kühlschrank kochen und mich danach gut fühlen."

Schreiben Sie Ihre Affirmationen nieder

Wie bei allen Lernprozessen gilt: Je intensiver Sie sich mit ihnen auseinandersetzen, desto tiefer dringen sie in Ihr Bewusstsein. Schreiben Sie deswegen in ein Tagebuch oder auf ein Papier, welches Ihnen regelmäßig begegnet. Lesen Sie Ihre Erkenntnisse nach dem Aufstehen und vor dem Zu-Bett-Gehen und vergegenwärtigen Sie sich somit Ihre Ziele und Motivationen.

Verknüpfen Sie Ihre Affirmationen mit passenden Handlungsorten.

Ob Sie sich Ihre neugewonnene Einstellung zu Lebensmitteln laut für sich vor dem Kühlschrank wiederholen, nur im Kopf durchgehen oder auf kleinen Post-its an der Schranktür befestigen: Verknüpfen Sie Ihre positiven Denkmuster mit passenden Situationen – nicht nur, um Ihnen im Fall der Fälle die richtige Motivation zukommen zu lassen, sondern auch, um Ihrem Gehirn beizubringen, dass es gewisse Handlungen mit bestimmten Gedanken verbinden soll. Auf diese Weise können Sie den automatisierten Stress nach und nach zu automatisierten positiven und entspannten Gefühlen umwandeln.

Hypnopsychologische Visualisierungen

In der heutigen Zeit ist Ihnen das Wort Hypnose vermutlich ein Begriff. Von vielen Laien wird der Hypnopsychologie eine nahezu allheilende Wirkung zugesprochen, mit deren Hilfe sich viele, wenn nicht sogar alle Probleme lösen lassen. Ganz logisch also, wenn Sie sich niemals näher mit einer Wunderwirkung auseinandergesetzt haben, die vermutlich mehr verspricht, als sie halten kann.

Was Sie vermutlich nicht wussten, ist, dass Hypnopsychologie tatsächlich ein allgegenwärtiger Gegenstand bei Behandlungen von Angststörungen ist. Sie ist sogar in nahezu allen Anwendungsbereichen der Psychotherapie als Behandlungstechnik anerkannt und genießt das Vertrauen vieler Therapeuten und Patienten.

Doch was genau ist Hypnopsychologie? Und wie können innere Visualisierungen Ihren Selbstheilungsprozess unterstützen? Obwohl Hypnose oft zu verherrlichend dargestellt wird, ist Ihre Wirkung nicht von der Hand zu weisen: Menschen in hypnotischen Bewusstseinszuständen können verdrängte Traumata neu erleben, tiefste Bedürfnisse ergründen und sogar physischen Schmerz auf andere Weise wahrnehmen als im klaren Zustand. All das ist möglich, weil Sie sich in einer sogenannten Trance (einem Dämmerzustand mit intensivem mentalen Erleben) Zugriff auf Ihr Unterbewusstsein verschaffen. Da Sie sich dabei aktiv mit Ihrem inneren Seelenleben befassen, befinden Sie sich in keinem komatösen Schlafzustand, wie es lange Zeit geglaubt wurde. Stellen Sie sich einen Menschen unter hypnotischer Wirkung entspannt und auf sich selbst fokussiert vor. Die gesamte Aufmerksamkeit soll dem Unterbewusstsein und dem Seelenleben gelten. Was Sie sonst verdrängen oder ignorieren, tauscht unter Hypnose sozusagen den Platz mit dem, was Sie tagtäglich bewusst wahrnehmen. Sie werden unter anderem dazu angehalten, Ihre Ängste zu visualisieren und ihnen auf den Grund zu gehen. Diese Technik unterscheidet sich dabei insofern von den anderen, als dass Sie dafür tief in Ihr Unterbewusstsein abtauchen und all jene Dinge über sich und Ihre Angsttriebe erfahren können, die Ihnen sonst verborgen bleiben. Andere Übungen fokussieren sich auf die Umstrukturierungsformen inniger Antriebe durch bewusste Aussagen und Handlungsweisen. In Trance setzen Sie sich zum Ziel, direkt an den unterbewussten Schrauben zu drehen, um Ihre Ängste und negativen Affirmationen zu dimmen.

Achtung:
Wenn Sie gerade eine Akutphase Ihrer Emetophobie durchleben, sind die nachfolgenden hypnopsychologischen Strategien nicht geeignet. In Trance setzen Sie sich intensiv mit Ihren Triggern und Traumata auseinander, wodurch sich Ihre Angstzustände verschlimmern könnten.

Da dieses Buch zur Selbsthilfe dient, müssen Sie sich zunächst bewusstwerden, dass Fremd- und Selbsthypnose zwei verschiedene Dinge sind – auch, wenn Sie starke Parallelen aufweisen. Bei einer Fremdhypnose steuert eine ausgebildete Fachkraft von außen Ihr Denken. Wenn Sie sich selbst in einen hypnotisierten Zustand versetzen, sind Sie hingegen auf sich allein gestellt.

Hypnose an sich wird von einigen Menschen kritisch betrachtet, da Sie Ihren Zustand nicht nur verbessern, sondern bei falscher Anwendung auch verschlimmern kann. Deswegen ist Selbsthypnose ohne geschulte Fachkraft sowohl ein intensives als auch ein riskantes Erlebnis. Gleichzeitig möchten Hypnotisanten sich womöglich nicht in einem so intimen Moment vor fremden Hypnotiseuren zeigen – denn obwohl Sie auch unter Hypnose bewusst steuern können, was Sie tun und sagen, kann es sich so anfühlen, als seien Ihre Handlungen unwillkürlich von anderen gelenkt.

Es handelt sich also um ein zweischneidiges Schwert: Einerseits handelt es sich um eine mächtige Waffe gegen Ihre Angst, andererseits kann sie ebenso Grund für eine intensivierte Angsterfahrung legen und zu größeren psychischen Belastungen führen.

Nun, da Sie die Risiken und Vorteile der psychohypnotischen Arbeitsweise kennen, lernen Sie im nächsten Schritt, wie Sie sich selbst in Trance versetzen und Ihr Seelenleben ergründen können.

Vorab: Manche Menschen sind empfänglicher als andere für eine Trance. Womöglich verlangt es etwas Geduld, bis Sie den Trancezustand selbst oder auch durch die Hand anderer erreichen. Seien Sie daher geduldig mit sich selbst – sich selbst in einen Trancezustand zu versetzen, ist bereits ein großer Erfolg!

Deswegen können Sie nicht pauschal erwarten, wie lange die einzelnen Phasen der Selbsthypnose andauern. Gehen Sie mit Geduld an die Erfahrung heran und setzen Sie sich kein zeitliches Limit, an das Sie sich halten müssen. Gönnen Sie sich im Trancezustand einen Moment der Zeitlosigkeit, um sich bestmöglich selbst kennenzulernen, und seien Sie sich bewusst, dass Hypnose-Resultate Schritt für Schritt voranschreiten und nicht nach einmaliger Anwendung eintreten.

Wie bei der Fremdhypnose teilt sich der eigentliche Hypnose-Vorgang in drei Phasen auf: die Einleitungs-, die Vertiefungs- und die Auflösungsphase – oder in der Fachsprache: Induktions-, Trance- und Reorientierungsphase.

Die Einleitungsphase

Die Einleitungsphase der Selbsthypnose hat das Ziel der maximalen Entspannung.

Entziehen Sie sich aller Störquellen. Legen Sie sich zum Beispiel in Ihr Bett und verschließen Sie Fenster und Türen. Kapseln Sie sich von Ihrer Außenwelt ab, um möglichst mit sich allein zu sein und Ihre Aufmerksamkeit auf sich fokussieren zu können.

Atmen Sie nun tief durch den Bauch ein. Entspannen Sie sich. Dazu können Sie unter anderem auf die Tipps der vorherigen Kapitel zurückgreifen. Wichtig ist hierbei, dass Sie sich voll und ganz auf Ihre Atmung konzentrieren – denn mit Ihrer Hilfe möchten Sie in Ihr Unterbewusstsein dringen. Stellen Sie sich bildlich vor, wie der Stress aus Ihnen entweicht – denn wie Sie gelernt haben, haben Ihre Gedanken direkte Einflüsse auf Ihre Körperreaktionen.

Die Trancephase

Wenn Sie sich bestmöglich entspannt haben, folgt der komplizierteste Teil. Nun versuchen Sie, sich gezielt in Trance zu versetzen. Visualisieren Sie dazu vor Ihrem inneren Auge Ihr Unterbewusstsein.

Wie stellen Sie sich die Gedanken vor, auf die Sie nicht direkt zugreifen können? Ist es ein verriegelter Raum? Eine Kiste, der ein Schloss vorhängt? Indem Sie sich vorstellen, was Sie erreichen möchten, ist das Ziel greifbarer. Machen Sie jeden Atemzug zu einer Bewegung in Ihrem Inneren, bei welcher Sie sich darum bemühen, die Tür aufzustoßen oder das Schloss zu öffnen. Alles, was Sie dahinter erwartet, ist warm und wohlgewollt. Lassen Sie sich fallen und genießen Sie, was Sie dort empfinden. Ihr Unterbewusstsein soll ein sicherer Ort für Sie sein und kein Ort, der Gefahr und Risiko ausstrahlt. Er ist ein Teil von Ihnen, den Sie nun erkunden möchten, und obwohl Sie wissen, weshalb Sie an diesen Ort gekommen sind, sollten Sie mit keiner Erwartungshaltung hineingehen.

Tiefverwurzelte Traumata und Angst können Sie sich in dieser Phase individuell vorstellen – wie dicke Säulen, die in Ihrem Unterbewusstsein stehen und auf die Sie direkt zukommen. Alle negativen Erfahrungen und Gedanken Ihrer Vergangenheit versammeln sich hier. Machen Sie sich nun daran, in diese Gefühle zu horchen und das Negative durch das Positive zu ersetzen: Damals waren Sie zum Beispiel Zeuge eines unangenehmen Brechvorfalls. Versuchen Sie jetzt, damit abzuschließen und den Blick auf die Zukunft zu richten. Das damalige Erlebnis soll Ihnen nicht länger Unwohlsein und Angstzustände verschaffen.

ⓘ

Bei hypnopsychotischer Visualisierung handelt es sich also um sehr starke Verbildlichungen. Wenn es Ihnen schwerfällt, dann nehmen Sie sich Ihre Negativgedanken bezüglich Ihrer Emetophobie zum Beispiel. Alle Horrorvorstellungen sind solche Verbildlichungen. Dieselbe Fähigkeit, die Ihnen sonst nur Unwohlsein bringt, hilft Ihnen bei der Hypnose also ungemein.

GEHEN SIE NICHT MIT EINER NEGATIVEINSTELLUNG AN DIE HYPNOSE HERAN. Es handelt sich nur um ein Beispiel dafür, wie Sie sich den Visualisierungsprozess erleichtern können.

Die Auflösungsphase

Zuletzt lösen Sie Ihren Trancezustand langsam auf. Das ist keinesfalls schwer, denn während des gesamten Hypnoseprozesses sind Sie Herr oder Herrin Ihrer Sinne. Ähnlich wie bei der Fremdhypnose gelangen Sie langsam aus Ihrem Trancezustand in das Jetzt zurück.

Dies ist wichtig, weil Blutdruck und Herzfrequenz in diesem höchst entspannten und in sich gekehrten Zustand abnehmen. Sollten Sie direkt auf die Beine finden, schwindeln Sie vermutlich oder fühlen sich anderweitig elend. Außerdem unterbrechen Sie eine Entspannungsphase, die Ihnen auch außerhalb der Selbsthypnose Entspannung schenken kann. Fühlen Sie stattdessen in sich; ballen Sie mehrmals Ihre Fäuste und spannen Sie die Muskeln an, um allmählich in das gewohnte Körpergefühl zurückzufinden.

Nutzen Sie Selbsthypnose als unterstützende Maßnahme, um Ihren mentalen Gesundheitszustand von innen heraus zu verbessern. Lassen Sie bei dieser effizienten Methode allerdings nicht außer Acht, dass eine effektive Befreiung der Angst vor allem in der Selbsthilfe von verschiedenen Seiten angegangen werden sollte, um möglichst langfristige und erfolgreiche Ergebnisse zu erzielen.

Expositionstherapie

Bereits im Kapitel der Psychoedukation haben Sie gelernt, wie wichtig es sein kann, sich direkt mit Ihren Ängsten zu konfrontieren, um Körper und Geist zu verdeutlichen, dass Ihre Emetophobie irrational ist – man spricht von der sogenannten Expositionstherapie, einer beliebten Therapieform bei Angststörungen.

Exposition bedeutet Aussetzen. Sie setzen sich bewusst einem Trigger aus und durchleben ihn trotz womöglich starker Angstsymptome. Auf diese Weise ordnen Sie Ihren Kopf neu: Sie bringen Ihrem Angstzentrum bei, falsche Risiken eingespeichert zu haben, und nähern sich so schrittweise einem normalen Denkverhalten an. Die Expositionstherapie ist daher die direkteste Methode, Ihren internen Angstspeicher zu reparieren.

Gleichzeitig bedeutet sie, dass Sie sich wissentlich in eine extreme Stresssituation begeben. Während es einigen Angstpatienten hilft, sich mental auf einen Trigger vorbereiten zu können, leiden andere umso mehr unter diesem Wissen.

Bevor Sie die Exposition im Selbstversuch angehen, werden Sie sich bewusst, dass sie unter normalen Umständen in einem kontrollierten Umfeld mit Fachpersonal durchgeführt wird. Ziehen Sie sich daher eventuell einen engen Freund oder Vertrauten zu Hilfe, der Sie dabei unterstützt, die Exposition einerseits durchzuführen, andererseits aber auch abzubrechen, sollte sie Sie erschlagen. Besonders, wenn Sie die Selbsttherapie zuhause durchführen möchten und sich in Ihrem Schutzraum unkontrolliertem Stress ausliefern, könnte sie hinsichtlich Ihrer Symptome negative Folgen haben. Deswegen ist es besonders zu Beginn hilfreich, auf Unterstützung von außen zurückzugreifen. Außerdem ist es sehr ratsam, zuvor verschiedene Entspannungstechniken erlernt zu haben und nicht sprichwörtlich ins kalte Wasser zu springen. Expositionstherapie läuft auf zwei Weisen ab: in vivo & in sensu. Diese Begriffe bezeichnen einerseits die direkte, körperliche Konfrontation mit einem Reiz (in vivo – im Lebenden) oder einem Trigger und andererseits die Konfrontation auf psychischer Ebene (in sensu – im Sinn, in der Vorstellung). Im Falle Ihrer Emetophobie könnte dies beispielsweise in vivo die Konfrontation mit einer erbrechenden Person oder eigenen Übelkeitsgefühlen sein und in sensu die Vorstellung daran, wie Sie selbst oder andere sich erbrechen. Ziel der Therapie ist es, Sie auf Ihren Reiz zu desensibilisieren. Die Gewöhnung – die sogenannte Habituation – soll schrittweise und in immer wiederkehrenden Mustern geschehen.

Schrittweise Expositionshierarchie erstellen

Die Expositionstherapie ist nicht umsonst eine der weitverbreitetsten psychotherapeutischen Maßnahmen bei kognitiver Umstrukturierung. Doch möchten Sie den Schritt gehen, sich direkt Ihren Ängsten stellen und den allgegenwärtigen Symptomen absagen, ist es wichtig, zu erkennen, wo man anfangen soll. Hier kommt die schrittweise Expositionshierarchie oder -pyramide zum Einsatz – denn Sie wählen nach eigenem Ermessen, wie Sie die direkte Konfrontation mit Ihren Triggern gestalten möchten. Der Vorteil: Einerseits steigern Sie sich langsam, andererseits protokollieren Sie Ihre Erfolge.

Um Ihre persönliche Expositionshierarchie erstellen zu können, müssen Sie sich und Ihre Angst genau kennen und einschätzen können, denn Ihr Ziel ist es, eine sortierte Liste jener Dinge zu schreiben, die Sie am meisten fürchten – sortiert, weil Sie von der intensivsten Angst zur erträglichsten kommen.

Wenn es beispielsweise einerseits Ihr größter Albtraum ist, zu erbrechen, platzieren Sie diese Sorge auf Platz eins. Glauben Sie andererseits, dass Sie sich mit etwas Mühe dazu überwinden könnten, sich von Ihren Freunden bekochen zu lassen? Super! Dann schreiben Sie diesen Punkt ans Ende der Liste.

Sammeln Sie auf diese Weise bis zu zehn Punkte an. Dabei ist es vor allem bei der Selbsttherapie vollkommen in Ordnung, in winzigen Schritten vorzugehen. Vergessen Sie nicht, dass Sie bei der Selbsttherapie gegebenenfalls keinen Psychologen an Ihrer Seite haben, der Ihre Vorhaben gegenprüft. Deswegen formulieren Sie ruhig in kleinen Schritten, ohne Ihre psychische Gesundheit zu stark zu strapazieren – doch halten Sie Ihr Ziel vor Augen!

Während die normale Expositionstherapie mit der Konfrontation mit dem größten Trigger abschließen soll, können Sie beispielsweise in Etappen denken. Gehen Sie gegebenenfalls nicht von null auf hundert, sondern von null auf fünfzig und von fünfzig auf hundert. So gliedern Sie Ihre persönliche Expositionstherapie zum Beispiel in zwei Runden à 10 Stufen.

Ob Sie ferner zwei Listen führen möchten (in vivo und in sensu) oder eine, ist Ihnen ebenfalls freigestellt. Behalten Sie aber im Hinterkopf, dass visuelle und psychische Trigger und Reize zusammenspielen. Gehören Sie zu den Individuen, die beides parallel abhandeln möchten, oder geht es Ihnen besser, wenn Sie sich zunächst nur auf Ihre psychischen oder physischen Ängste fokussieren? Entscheiden Sie sich auf jeden Fall für den in Ihren Augen realistischsten Weg zum Ziel. Dieser ist nicht immer der einfachste.

in vivo	**in sensu**
Auf eine große öffentliche Veranstaltung gehen, bspw. ein Konzert Angst: 100 von 100 Punkten	Die Vorstellung, dass sich jemand auf Sie erbricht Angst: 100 von 100 Punkten
Bei einer fremden Person zu Besuch sein	Die Vorstellung, wie Sie sich selbst erbrechen

Angst: 82 von 100 Punkten	Angst: 95 von 100 Punkten
Jemanden zu sich nach Hause einladen Angst: 75 von 100 Punkten	Die Vorstellung, dass Sie in einem vollen Bus fahren müssen Angst: 79 von 100 Punkten
etc.	etc.

Normalerweise wird eine solche Hierarchie im Beisein eines Therapeuten aufgestellt, der ein Bild von Ihren Symptomen hat und für Sie einschätzt, inwiefern Sie sich im Rahmen des Möglichen bewegen. Dafür verteilt er SUDUS-Punkte (Subjective Units of Distress Scale) von 0 bis 100. Je größer die Angst vor einer bestimmten Sache ist, desto mehr SUDUS-Punkte werden dieser zugeteilt. Diese Angstpunkte können Sie ebenfalls für sich nutzen, bevor Sie hierarchisch protokollieren: Schreiben Sie zunächst alle Trigger auf, die Ihnen einfallen, und bewerten Sie sie nachträglich im Gesamtbild. Auf diese Weise ersparen Sie sich das spezifische Nachdenken über die Konfrontationsreihenfolge und können anschließend rein objektiv nach Zahlen Ihre Liste(n) füllen.

Durchführung der Expositionen

Im nächsten Schritt geht es an die Durchführung der Konfrontationen nach Ihrer persönlichen Expositionshierarchie. Falls Sie keinen Termin bei Ihrem Psychologen haben sollten, empfiehlt es sich, die Expositionstherapie an einem entspannten Tag anzufangen, um zu vermeiden, sich unnötig unter Druck zu setzen.

Bevor Sie sich mit einem Trigger konfrontieren, müssen Sie natürlich entscheiden, wie intensiv diese Konfrontation sein soll. Von beiläufiger Konfrontation, wie aus der Ferne, bis hin zur bewussten Überreizung Ihrer Sinne gibt es verschiedene Stufen, mit denen Sie Ihre Angst zu zügeln lernen können. Je nachdem, wie stark ausgeprägt Ihre Emetophobie ist und wie sehr Sie das erste Level Ihrer persönlichen Liste triggert, kann es klug sein, sich behutsam an einen Trigger heranzutasten und sich allmählich zu steigern. Denn nur, weil Sie einen Punkt auf Ihrer Liste abgearbeitet haben, bedeutet dies nicht, dass er in Vergessenheit geraten darf. Genau diesen Fehler dürfen Sie nicht machen! Wiederholen Sie eine vergangene Übung mindestens täglich, damit Ihr Gehirn daraus lernen kann. Dabei können Sie die Intensität der Konfrontation in Ihrem Tempo anpassen und steigern, ohne sich direkt ins kalte Wasser zu stürzen.

Wie können Sie sich Ihrem Trigger bewusst und kontrolliert aussetzen? Das kommt darauf an, ob Sie jemanden haben, der Ihnen hilft oder nicht. Sollten Sie die Übung ganz allein durchführen, wird bereits die Vorbereitung der Exposition Unwohlsein verschaffen. Das ist genau das, was Sie möchten – deswegen sollten Sie in diesem Moment nicht in angeeignete negative Verhaltensstrategien zurückfallen, sondern mit gesunden Bewältigungsstrategien an die Sache herangehen.

Haben Sie einen Helfer, kann es nützlich sein, ihn bestimmen zu lassen, inwiefern er Sie dem Reiz aussetzt. Das trifft nur dann zu, wenn Sie ihm voll vertrauen. Behalten Sie im Hinterkopf, dass Sie ihm auf diese Weise eine nicht unwesentliche Macht über Ihren psychischen Zustand anvertrauen.

In der Praxis kann eine Konfrontation mit einem Trigger beispielsweise so aussehen:

> Neben dem Konsum (fast) abgelaufener Lebensmittel reicht bereits der bloße Gedanke an sie aus, um in Ihnen Unbehagen und Übelkeit auszulösen.

Natürlich sollen Sie sich in der Expositionstherapie nicht selbst schädigen und abgelaufene Lebensmittel essen. Doch wie könnten Sie sich kontrolliert mit dieser Angst konfrontieren?

Je nachdem, wie intensiv Ihr Expositionserlebnis ablaufen soll, können Sie Lebensmittel an der Grenze zum Mindesthaltbarkeitsdatum konsumieren oder Abgelaufenes ansehen und/oder berühren. Sie könnten sich auch mit den Gerüchen abgelaufener Lebensmittel umgeben usw.

Ein anderes Beispiel konzentriert sich auf die Angst davor, in die Öffentlichkeit zu gehen:

> Womöglich waren Sie seit Jahren nicht mehr in der Innenstadt – und es grault Ihnen davor, dort auf Menschen zu stoßen, die sich übergeben.

Dann gehen Sie mit einer Begleitung in die Stadt oder in ein Geschäft und versuchen, es möglichst lang dort auszuhalten. Alternativ können Sie in der Einkaufsstraße spazieren gehen oder sich Videomaterial ansehen, auf dem groß Menschen abgebildet sind, die in der Stadt bummeln.

Tipp:
Video- und Fotomaterial können nützliche Helfer sein, wenn Sie sich noch nicht zutrauen, eine Situation direkt mitzuerleben. Besonders, wenn Sie sich im Laufe der Expositionstherapie mit tatsächlich Erbrochenem auseinandersetzen, kann die Distanz zur Aufnahme helfen, Ihre Psyche zu beruhigen.

Aber auch Imitation nützt, um Ihre Ängste zurückzulassen. Haben Sie Angst vor Ihrem eigenen Erbrechen? Dann können Sie das Erlebnis in verschiedenen Ausmaßen mimen, wenn Sie sich dazu bereit fühlen: Beugen Sie sich über einen Eimer und würgen Sie herein oder nehmen Sie dabei pürierte Bohnen oder Lebensmittel mit ähnlicher Konsistenz in den Mund, die Sie an Erbrochenes erinnern.

Vor allem aber nicht zuletzt sollten Sie bei der Imitation auf ein sicheres Umfeld achten. Planen Sie Ihre einzelnen Schritte zum angstfreien Leben sorgsam und sprechen Sie sich gegebenenfalls mit Ihrem Helfer oder Therapeuten ab. Überlassen Sie nichts dem Zufall, sodass Sie sich immer sicher sein können: Ich befinde mich in einem kontrollierten Umfeld.

Bitte beachten!
Achten Sie darauf, jeden Punkt auf Ihrer Liste abzuhaken. Andernfalls kann sich Ihre Angst vor einem Punkt zusätzlich verstärken, indem Sie sie auf diese Weise unterstützen.

Außerdem sollten Sie bei der Expositionstherapie nicht auf Ihre gewohnten Verhaltensmuster eingehen oder versuchen, sich von Ihren Triggern abzulenken. Auf diese Weise zeigen Sie Ihrem Körper, dass Sie diese Situation dank Ihrer Vermeidungsstrategien überstanden haben. Lenken Sie sich von ihr ab, machen Sie Ihrer Psyche bewusst, dass die direkte Konfrontation Unbehagen in Ihnen auslöst. Unbehagen sortiert Ihre Psyche in dieselbe Kategorie wie Gefahr und Angst.

Für eine wirksame Exposition sollten Sie sich also auf die Erfahrung einlassen, ohne wegzuschauen – das gilt auch für die Gedanken. Die Expositionstherapie bringt nichts, wenn Sie von körperlicher Panik auf die gedankliche Panik wechseln.

Wenn Sie zwar nicht weglaufen, aber die Augen vor Ihrem Trigger verschließen und in Gedanken all die Horrorszenarien durchgehen, die in den nächsten Augenblicken folgen könnten, verfehlt dies den Sinn der Therapiemaßnahme.

Bewältigungsstrategien während der Expositionen

Wenn Sie Ihre Vermeidungsstrategien nicht anwenden oder sich anderweitig von der triggernden Situation ablenken dürfen, wie können Sie eine direkte Konfrontation dann bewältigen? In diesem Unterkapitel folgen einige Tipps, die Ihnen dabei helfen können, der Exposition mit gesunden Gedankenansätzen standzuhalten.

Das Schwerste an der Expositionstherapie ist es, im Hier und Jetzt zu sein und sich intensiv mit Ihrer Angst auseinanderzusetzen. Nur so kann Ihr Kopf lernen, dass die Angst, mit der er Sie kontrolliert, vollkommen unberechtigt ist. Bereits wenige Augenblicke neben Ihrem Trigger, ohne in Panik auszubrechen, sind ein Erfolg.

Doch welche Bewältigungsstrategien gibt es, um der Angst effektiv die Stirn zu bieten?

Halten Sie der Situation stand

Das Ziel der Expositionstherapie können Sie gleichzeitig als erste Bewältigungsstrategie betrachten. In den vergangenen Kapiteln haben Sie gelernt, dass erlebte Angst nicht endlos steigerbar ist – und auch, wenn es sich im ersten Moment nicht so anfühlt, irgendwann wird das starke Unbehagen, das Sie im Angesicht Ihres Triggers empfinden, nachlassen. Allein durch das Ausharren wird Ihr Körper ab einem gewissen Punkt aufhören, Stresshormone auszuschütten und das Schlimmste zu erwarten. Das bedeutet nicht, dass die Angst gebannt ist. Stellen Sie sich vor, dass Ihr Körper sich irgendwann, wie z. B. bei einer Panikattacke, vollkommen entladen hat. Was Sie zunächst in Panik versetzt hat, rückt mehr und mehr in den Hintergrund.

Werden Sie nicht panisch

Die Ruhe zu bewahren, ist der nächste große Bewältigungsschritt. Noch bevor Sie merken, dass Ihr Herzschlag anzieht und Ihr Puls steigt, ist es ratsam, Atemübungen durchzuführen und die Situation zu betrachten. Gehen Sie nicht mit einer negativen Einstellung an die Expositionsübung, weil Sie wissen, dass Sie in jedem Moment Ihren größten Ängsten begegnen werden – versuchen Sie stattdessen, positiv zu bleiben und in die Zukunft zu sehen.

Finden Sie zur Objektivität gegenüber Ihren Triggern zurück

Vielleicht haben Sie seit Jahren und Jahrzehnten schrecklichste Ängste vor dem Erbrechen – doch jetzt dürfen Sie nicht vergessen, weshalb Sie sich von Ihrer Emetophobie befreien möchten. Sie wissen, dass diese Angst irrational ist und keine Berechtigung in Ihrem Leben hat. Auch, wenn es anfangs unsagbar schwer erscheint: Führen Sie sich diese Tatsache während der Konfrontation abermals vor Augen. Versuchen Sie, achtsam zu beobachten, was um Sie herum geschieht. Anstatt die Augen davor zu verschließen, können Sie sich viel besser mit dem Geschehen als solchem befassen. Wenn Sie die Übungen mit jemandem zusammen durchführen, teilen Sie rein objektiv Ihre Wahrnehmung mit. Das können Anmerkungen sein wie „Auf diesem Bild erbricht sich jemand" oder „Woher hast du dieses faulige Obst?". Niemals sollten Ihre Äußerungen aber angsterfüllte Botschaften beinhalten. Eine solche wird Ihrem Gehirn nämlich direkt weiterleiten: Wir befinden uns in Gefahr.

Letztendlich reagiert jeder Mensch individuell auf Angst. Da Sie sich bei der Expositionstherapie allerdings nicht abwenden, sondern Ihren Triggern gegenübertreten sollten, ist es wichtig, dass Sie verschiedene Strategien anwenden, die Ihnen persönlich zu innerer Ruhe verhelfen. Denn wenn Sie nicht weglaufen, bleibt nur noch eine Möglichkeit: irgendwie auszuharren und durchzuhalten.

Sehen Sie Ihre Anspannung deswegen nicht als Feind, sondern als Verbündeten, der Sie schützen möchte. Stellen Sie sich Ihre Emetophobie als eine eigenständige Person vor. Wie würden Sie jemanden beruhigen, der das Beste für Sie möchte, obwohl Sie diese Hilfe gar nicht benötigen?

SOZIALE UNTERSTÜTZUNG

Ziehen Sie sich mit Ihrer Emetophobie aus dem sozialen Alltag zurück? Besonders dann fühlen Sie sich vermutlich völlig alleingelassen. Die Angst vor dem Erbrechen als Krankheitsbild ist nur wenig verbreitet – und wird noch dazu oft belächelt. Dabei ist das gegenseitige Unterstützen bei Angsterkrankungen nicht nur wichtig, sondern auch enorm wertvoll.

ⓘ

Indem Sie sich mit anderen Betroffenen austauschen, können Sie lernen, wie andere Betroffene Ihr Umfeld erleben und wie sich Ihre irrationalen Ängste von anderen unterscheiden. Das gegenseitige Geben von Tipps kann Ihr Leben bereichern und neue Perspektiven eröffnen, die Sie nie zuvor in Betracht gezogen haben. Ferner lernen Sie durch die verschiedensten Ausführungen der Emetophobie womöglich, wie irrational Ihre Angst tatsächlich ist.

Unterstützung durch Selbsthilfegruppen

Selbsthilfegruppen bilden sich, wenn sich mehrere Menschen mit denselben oder ähnlichen Problemen zum Austausch treffen möchten. Es kann sich um Treffen für allgemeine Angstpatienten handeln, für Betroffene bestimmter psychischer Erkrankungen (in Ihrem Fall bspw. der Emetophobie) oder für physische Leiden. Doch auch Menschen, die Verluste durchleben oder aus schwierigen Familienumständen entflohen sind, können sich zur Selbsthilfe treffen. Kurzum: Das gegenseitige Helfen finden Sie in jedem Lebensbereich und für alle Altersklassen. Es handelt sich um einen intimen Ort für Betroffene oder Menschen mit Schwierigkeiten, die Ihr Wissen teilen oder erweitern möchten und Unterstützung außerhalb des theoretisch-therapeutischen Rahmens suchen.

Vielleicht kommt Ihnen als Erstes das stereotypische Bild aus dem Fernsehen in den Kopf: Die Teilnehmenden sitzen in einem Stuhlkreis und erzählen sich Ihre Lebensgeschichte, ohne dass das Gespräch wirkliche Tiefe findet. Dabei ist Selbsthilfe so viel mehr – und geht über den Gesprächszirkel in lieblos geschmückten Räumen hinaus.

> In der Realität können Selbsthilfegruppen verschiedenste Aktionen miteinander ausführen; ob es das einfache Beisammensein, Telefonieren oder Ausflüge sind, das gegenseitige Unterstützen ist auf keinen bestimmten Raum und keinen bestimmten Inhalt beschränkt.

In regelmäßigen Abständen treffen Sie sich mit anderen Betroffenen, um Ihre Ängste und Unsicherheiten zu besprechen – denn oft tut es gut, wenn jemand zuhört, der Sie versteht, Ihr Empfinden nachvollziehen kann und Tipps aus seinem persönlichen Alltag gibt.

Trotz Ausbildung haben Ärzte und Therapeuten einen gänzlich anderen Blick auf Ihre Situation. Sie sehen die Symptomatik und die Chemie, die sich in Ihrem Kopf abspielt – dies sehen Betroffene meist nicht und können deswegen freier und ohne Vorurteile oder Erwartungen in die Konversation einsteigen.

> ⓘ
>
> Wie viele Menschen es braucht, um eine Selbsthilfegruppe zu sein, steht übrigens offen. Wenn sich zwei oder drei Personen zusammenfinden, können Sie bereits von einer Selbsthilfegruppe sprechen. Entgegen der weitverbreiteten Erwartung handelt es sich daher nicht immer um (mittel-) große Gruppen.

Vorteile der Teilnahme an Selbsthilfegruppen

Dieses Buch ist ein Buch zur Selbsthilfe – und gerade, wenn Sie Selbsthilfe leisten möchten, ist es wichtig, sich immerzu weiter zu schulen. Bei einem individuellen und brenzligen Thema wie der Emetophobie reicht die Weiterbildung hierbei über Bücher und Selbstbeobachtung hinaus. Viele Verhaltensweisen, die sich auf Ihre Emetophobie zurückführen lassen, entgehen Ihrer Wahrnehmung oder können von Ihrem Gehirn nicht recht gefiltert werden – Dinge, die Außenstehende womöglich deutlich besser tun können, vor allem, wenn sie genau wissen, womit Sie tagtäglich kämpfen.

Doch die Teilnahme an Selbsthilfegruppen bietet deutlich mehr Vorteile als nur den intensiven Umgang mit Ihrer Erkrankung mit Gleichgesinnten und Menschen, denen es ähnlich ergeht. Denn der Aspekt des Verstandenseins greift automatisch in viele Aspekte hinein, die Ihren Alltag mit der Emetophobie normalerweise bestimmen:

Sie kommen wieder unter Menschen

Wenn Sie sich mit Gleichgesinnten treffen möchten, um neue Erkenntnisse über Ihre Angststörung zu sammeln, kommen Sie ganz automatisch wieder unter Leute und resozialisieren sich. Vor allem, wenn sich die Abschottung Ihrer Außenwelt über lange Zeit aufrechterhalten hat, ist dies notwendig – und das, obwohl dieser Prozess zunächst nur an zweiter Stelle zu stehen scheint.

Haben Sie Angst, neue Kontakte zu knüpfen? Dann bieten Sie dieser Angst mit dem Besuch eines Selbsthilfetreffens die Stirn und lernen gleichzeitig, dass viele Menschen Verständnis für Ihre Situation haben. Außerdem können Sie neue Freunde kennenlernen und auf diese Weise neue Verbindungen zu Ihrer Außenwelt aufbauen.

Wenn Sie aufgrund Ihrer Emetophobie alle Kontakte verloren haben, werden Sie anschließend über diese neuen Bekanntschaften nach langer Zeit wieder neue Menschen kennenlernen und Ihren Freundeskreis erweitern – und das mit Menschen, die Sie mit großer Wahrscheinlichkeit so akzeptieren, wie Sie sind!

Sie verlassen Ihr gewohntes Umfeld

Wenn Sie Ihre Emetophobie bewältigen möchten, handelt es sich hierbei um einen ausschlaggebenden Vorteil. Zunächst werden Sie über Ihren Schatten springen müssen. Schließlich werden Sie vermutlich aber realisieren, dass Ihre Umwelt nichts Böses von Ihnen möchte – ob es das Treffen zu einer Gesprächsrunde ist oder ein gemeinsam geplantes Event.

> **In der Gruppe sind Sie stark.**
> Das weiß auch Ihr Gehirn, welches sich in einem sicheren Umfeld auf risikoreichere Erfahrungen einlassen wird – zum Beispiel auf einen Besuch im Park oder in der nächsten Eisdiele.

Der Druck wird Ihnen genommen

Versuchen Sie mit allen Mitteln, „normal" zu sein, wenn Sie sich mit Menschen treffen, die nicht an einer Angststörung oder psychischen Erkrankung leiden? Das laugt Sie nicht nur aus, sondern bringt Ihnen unterbewusst auch bei, dass Sozialkontakte negativ zu bewerten sind. Immer müssen Sie sich verstellen, erkennen sich womöglich selbst nicht mehr wieder. Das Thema Emetophobie fällt unter den Tisch und Sie bemühen sich darum, es nicht anzusprechen – obwohl es spätestens bei den mitgebrachten Ausflugsthemen Ihrer Freunde dringend notwendig wäre.

Wenn Sie mit Betroffenen zusammen sind, fällt dieser Druck weg, denn jeder Anwesende weiß, wie eine Emetophobie funktioniert und dass sie in den unangebrachtesten Momenten zuschlägt. Sie befinden sich in einem sicheren Kreis und können sich frei äußern – und lernen auf diese Weise, gegebenenfalls auch zuhause auf Respekt und Rücksichtnahme zu bestehen.

Alles bleibt privat

Obwohl Selbsthilfegruppen nach verschiedenen Regeln laufen, ist ein Prinzip immer dasselbe: Alles bleibt im Rahmen der Selbsthilfe, niemand gibt die sensiblen Informationen, die Sie von sich preisgeben, an Dritte weiter. Sie können sicher sein, dass die Dinge, die Sie über Ihre Emetophobie und Ihr Leben erzählen, geheim bleiben.

> Vor allem, wenn Sie sich für Ihre Angststörung schämen, aber dringend jemanden zum Sprechen brauchen, bietet es sich daher an, einen solchen Kreis zu besuchen.

Aktiver Austausch und gegenseitige Unterstützung

Selbsthilfe bedeutet auch aktiver Austausch und gegenseitige Unterstützung. Wenn Sie sich einer Selbsthilfegruppe anschließen, wird von Ihnen dasselbe Verständnis erwartet, welches Sie von Ihren Gesprächspartnern erwarten, um ein harmonisches Miteinander auf Augenhöhe zu ermöglichen.

Gleichzeitig handelt es sich dabei um jenen ausschlaggebenden Punkt, der die Selbsthilfe so effektiv macht: Sie können regelmäßig auf Augenhöhe frei miteinander kommunizieren und einander beistehen, wenn Sie in Ihrem Heilungsprozess Rückschläge oder Existenzkrisen durchleben – ganz ohne Angst vor Verurteilung haben zu müssen.

Unterstützung heißt auch, gemeinsam Strategien zu erstellen und auszubessern. So lassen sich konfrontative Ansätze deutlich einfacher planen und umsetzen, wenn man sich gemeinsam abspricht. Außerdem motiviert man sich bei Selbsthilfe gegenseitig und verfolgt gemeinsam das große Ziel der Besserung. Bereits kleine Erfolge werden wahrgenommen, geschätzt und gefeiert.

Vielleicht werden Ihre großen Überwindungen in Ihrem privaten Umfeld nicht wahrgenommen. Haben Sie sich nach langem Hadern dazu überwunden, eine Familienfeier zu besuchen? Nur Betroffene können nachempfinden, wie groß dieser vermeintlich kleine Schritt in Wahrheit ist. Die anderen Teilnehmer werden sich sicherlich zusammen mit Ihnen freuen und den Erfolg gemeinsam feiern!

Die wahre Macht der gemeinsamen Selbsthilfe zeigt sich allerdings erst im aktiven Austausch. Telefonieren Sie und treffen Sie sich zu regelmäßigen Liveupdates und dokumentieren Sie so Ihre Reise in ein angstfreies Leben. Auf diese Weise erkennen Sie Ihre Triumphe von Seiten, die Sie zuvor nie in Betracht gezogen haben.

Heute ist es über Telefon und Messenger-Dienste leicht, ständig Kontakt zueinander zu pflegen und auch in Akutsituationen nach Rat zu fragen. So haben Sie einerseits durch aktiven Austausch eine helfende Hand parat, wenn Sie selbst nicht weiterwissen, nehmen aber gleichzeitig eine beratende Rolle ein. Sprich: Sie lernen in der Theorie und Praxis, was Ihnen während Emetophobieschüben hilft, und Sie lernen, wie Sie Lösungsansätze organisieren und ausführen.

Finden einer passenden Selbsthilfegruppe

Sie haben sich also dazu entschieden, mit einer Selbsthilfegruppe Kontakt aufzunehmen – doch bereits nach kurzer Zeit fällt auf: Entweder sehen Sie auf Ihrer Suche den Wald vor lauter Bäumen nicht oder aber es herrscht gähnende Leere im World Wide Web. Das ist alles nur halb so schlimm, denn das Finden einer Selbsthilfegruppe kann sich mit einigen einfachen Tipps erleichtern lassen. In Deutschland gibt es ungefähr 100.000 offizielle Selbsthilfeangebote. Was zunächst nach einer großen Menge klingt, reduziert sich drastisch, wenn Sie nach Hilfe für Emetophobie Ausschau halten – denn wie Sie gelernt haben, ist Ihre Erkrankung rar. Da kann es schwer sein, eine maßgeschneiderte Veranstaltung in Ihrer Nähe zu finden. Mit viel Recherche findet man den einen oder anderen Selbsthilfekurs (bspw. im EmetoTeam (https://mental-stabil.de/emetoteam [Stand: 02.06.2024]), doch sonst sieht es mau aus.

> Deswegen hilft es, nach Treffen allgemeiner Angstpatienten Ausschau zu halten oder eine eigene Selbsthilfegruppe zu gründen, um das Angebot zu erweitern.

Mit dem Stand zum 02.06.2024 gibt es bei der NAKOS (der Nationalen Kontakt- und Informationsstelle zur Anregung und Unterstützung von Selbsthilfegruppen) die Möglichkeit zur bundesweiten Informierung bezüglich Selbsthilfe. Zusätzlich bietet die NAKOS unter der Telefonnummer 030/31018960 einen Beratungsservice für Fragen rund um das Thema an.

Führen Sie sich zu Beginn vor Augen, welche Art der Selbsthilfe Sie angehen möchten. Gerade weil sich das Angebot in verschiedenen Formen mit verschiedenen internen Regeln etabliert hat, hilft es, mit einer gewissen Vorstellung an die Materie heranzutreten.

> Möchten Sie sich persönlich treffen oder nur via Telefon? Können Sie sich vorstellen, gemeinsam an externen Aktivitäten teilzunehmen und intensiv neue Menschen kennenzulernen und Freundschaften zu schließen?

Zunächst ist das gegenseitige Helfen eine große Herausforderung, weshalb Sie in jedem Fall nur Angebote annehmen sollten, die Ihnen zusagen und vertrauenswürdig vorkommen.

ALLTAGSSTRATEGIEN

Abschließend folgen einige allgemeine Alltagstipps und -strategien, um Ihr Leben mit Emetophobie langfristig zu erleichtern und eine angstfreie Lebensweise aufrechtzuerhalten. Wie können Sie das Erlernte bewusst einsetzen und erkennen, wenn Sie in alte Muster zurückfallen?

Stressmanagement

Wie Sie sich in Stresssituationen entspannen können, haben Sie im Kapitel über die Entspannungstechniken ausführlich gelernt. Progressive Muskelentspannung, Atemübungen und Achtsamkeit sind die Schlüssel zu einem angst- und stressfreien Leben und somit auch die wesentlichen Punkte, die Sie für ein gesundes Seelenleben pflegen sollten. Trotzdem ist Stress im Alltag vorprogrammiert und oftmals können Sie ihm nicht ausweichen. Deswegen ist es wichtig, Stressmanagement zu erlernen und sich bewusst zu werden, wie viel Sie tatsächlich schultern können.

In unserer schnelllebigen Welt verliert man oft die Termine und Pflichten aus den Augen. Das zieht Stress und Unwohlsein nach sich und diese bilden wiederum den Nährboden Ihrer Emetophobie. Vor allem, wenn Sie Ihre Angststörung noch nicht endgültig überwunden haben, laufen Sie in diesen Lebensphasen Gefahr, in alte Verhaltensweisen zurückzufallen.

Stressmanagement hat zum Ziel, Ihren Alltag so gut wie möglich von negativem Stress zu befreien oder ihn zumindest zu reduzieren. Doch wie funktioniert das? Stichworte hier sind Stressresistenz, -kompetenz & -prävention – die Widerstandskraft, der Umgang mit und die Maßnahmen gegen Stress. In diesem Kapitel sollen Sie lernen, über die Entspannungstechniken hinauszugehen.

Zunächst sollte sich Ihr Blick auf akute Stresssituationen richten:

Obwohl Sie in Ihrer Selbsttherapie bereits beachtliche Schritte gemacht haben, werden Trigger Sie noch lange Zeit nach Therapiebeginn verfolgen und unter großen Stress setzen.

Wenn Ihre erste Reaktion auf Menschenmassen oder würgende Menschen nicht mehr die Flucht ist, sondern die stille Beobachtung und der Mut zum Ausharren, haben Sie bereits einen großen Schritt gemacht. Trotzdem schlägt Ihr Herz schneller und Ihr Puls steigt. Obwohl Sie nicht sofort in alte Vermeidungsmuster zurückfallen möchten, stresst Sie der Umstand ungemein. Dabei gibt es auch bei akutem Stress gesunde Kompensierungsmethoden.

Zum Beispiel helfen Lächeln, Singen und Summen bei akuten Stresssituationen.

Sie können Ihre Sorgen wortwörtlich weglachen – das ist kein Scherz! Dies geschieht durch die Glückshormone, die Sie dabei ausstoßen. Doch auch darüber hinaus können Lächeln und Lachen Ihr allgemeines Wohlbefinden stark verbessern.

Viele Menschen, die singen, fühlen sich außerdem ebenfalls losgelöster und glücklicher, denn die Vibration unserer Stimmbänder entspannt uns. Sie wirkt direkt auf den Vagusnerv, den Entspannungsnerv, und symbolisiert: Es geht uns gut, du darfst dich entspannen. Ihr Stresslevel und Blutdruck sinken und Sie verfallen zurück in einen Entspannungsmodus.

Machen Sie eine Pause – oder bewegen Sie sich.

Während Bewegung Stress abbaut und Glückshormone produziert, kann auch eine Pause helfen, um sich neu zu sortieren. Beide Strategien wirken in verschiedene Richtungen: Wenn Ihnen alles zu Kopf wächst, lassen Sie den Moment der Ruhe zu, um sich einen Überblick über Ihre Situation zu verschaffen. Leiden Sie unter ständiger Anspannung, dann laufen Sie, um die Lasten von sich abfallen zu lassen.

Auch, wenn es nicht so wirkt: Auf beides können Sie auch in Akutsituationen zurückgreifen. Wenn Sie mit der Expositionstherapie geübt haben, nehmen Sie sich danach den Moment des Abschaltens und setzen Sie sich, um durchzuatmen und Ihre Erkenntnisse einzuordnen. Hatten Sie wegen Ihrer Emetophobie eine stressige Woche, in der selbst das Alltägliche unerträglich wurde, laufen Sie oder treiben Sie Sport, um die Seele baumeln zu lassen. Spezielle Stressbälle helfen ebenfalls, um die Muskeln zu spannen und zu entspannen. Legen Sie auch Ihr Handy (oder andere Unterhaltungsgeräte) zur Seite, um weitere potenzielle Stressfaktoren, wie z. B. einkommende SMS-Nachrichten, zu unterbinden.

Wie können Sie langfristig mit Stress umgehen?

Neben Meditation und Entspannungsübungen, die den allgemeinen Stresslevel bei regelmäßiger Anwendung niedrig halten können, sollten Sie auch Ihren Lebensstil anpassen:

Gönnen Sie sich regelmäßig Ruhezeiten.

Je nachdem, wie stressig der Alltag für Sie ist, kann es bereits helfen, einfach nichts zu tun. Schalten Sie das Handy aus, bleiben Sie dem Fernseher fern und gönnen Sie Ihren Sinnen eine Auszeit – denn auch, wenn Sie sich dessen nicht bewusst sind, arbeitet Ihr Körper zu jeder Zeit auf Hochtouren. Bereits kurze Ruhe kann Ihnen genug Zeit geben, um sich zu regenerieren.

Lernen Sie, zwischen Relevantem und Irrelevantem zu unterscheiden.

Nehmen Sie selbst das Steuer in die Hand, indem Sie zwischen wichtiger und unwichtiger Aufgabe bzw. Erwartung zu entscheiden lernen. Priorisieren Sie das Wichtige und arbeiten Sie sich zum Unwichtigen herab, um Ihren Stresslevel gering zu halten:

So kann es helfen, wenn Sie sich zunächst mit einer Arbeit Ihres Homeoffice-Jobs oder einer Hausaufgabe auseinandersetzen, dann entspannt für das Abendessen kochen und schließlich die kleineren Hausarbeiten angehen. Denn während Schule oder Arbeit Sie von außen unter Druck setzen und das Essen überlebenswichtig ist, spielt es keine Rolle, ob Sie die Wohnung an einem Montag oder einem Dienstag putzen.

Auch im Rahmen Ihrer Emetophobiebewältigung können Sie nach diesem Prinzip vorgehen: Setzen Sie sich zunächst mit der Gewöhnung an jene Trigger auseinander, die Ihr Leben am meisten beeinflussen. Gehen Sie zum Beispiel grundsätzlich nicht gern auf Feiern, sollten Sie Ihren Fokus nicht auf die Gewöhnung an Menschenmengen legen, sondern auf den innigeren Kontakt zu Ihrem engsten Kollegenkreis.

> Entschleunigen Sie Ihr Leben und verringern Sie allgemeinen Stress, indem Sie weise bei Ihren alltäglichen Tätigkeiten wählen. Welche Aufgaben bzw. Tätigkeiten haben Vorrang? Welche können Sie eher in den Hintergrund schieben?

Gesunde Bewältigungsmechanismen

Um nicht tiefer und tiefer in Ihre Angstspirale hineinzurutschen, ist es unabdingbar, dass Sie gesunde Bewältigungsstrategien konsequent anwenden und nicht in alte Verhaltensmuster verfallen.

Wie diese gesunden Bewältigungsstrategien aussehen können, sind Sie in diesem Kapitel bereits durchgegangen: Entspannung, Fokus und keine negativen Gedanken auf Ihre Trigger werfen, um Ihre Ängste nicht zu festigen. Doch leicht umsetzbar sind diese Vorsätze längst nicht mehr, wenn Sie Ihren größten Triggern gegenüberstehen.

Wie können Sie es schaffen, Ihrer Angst positiv gestimmt zu sein?

Zunächst: Selbst, wenn Sie in alte Verhaltensweisen zurückgefallen sind und den Schauplatz fluchtartig verlassen oder mit Panik oder gar einer Panikattacke reagiert haben, sollten Sie anschließend die Lage erneut objektiv durchgehen und das Positive an Ihrem Erlebnis finden. Haben Sie beispielsweise Distanz zu einer erbrechenden Person aufgesucht, versetzen Sie sich in die Lage zurück und konfrontieren Sie sich nachträglich mit dem, vor dem Sie weggelaufen sind. Bringen Sie sich auf diese Weise bei, dass Flucht und Panik keine angemessenen Reaktionen sind, um mit der Situation umzugehen.

Gleichzeitig sollten Sie sich nicht selbst bestrafen. Nur, weil Sie nicht so reagiert haben, wie Sie es gerne getan hätten, heißt das nicht, dass Sie versagt haben. Übung macht bekanntlich ja den Meister!

Erinnern Sie sich, dass nicht die Situation an sich angstauslösend ist, sondern auch immer ein Trigger mitschwingt.

Suchen Sie das Negative nicht an der Situation, in der Sie sich befinden. Ihre Panik wird nicht von der Situation ausgelöst, sondern von Ihrem Trigger. Wenn sich jemand bei Ihrem Spaziergang in der Innenstadt übergibt oder Ihnen übel wird, ist das nicht Ihrem Stadtbesuch geschuldet, sondern speziell der dritten Person oder Ihrem Unwohlsein, Ihrem Seelenleben oder Ihrem körperlichen Befinden. Projizieren Sie Ihren Angstgedanken nicht auf den gesamten Umstand, sondern nur auf den Trigger, der Ihnen zufällig begegnet ist, und lassen Sie Ihre Gedanken nicht langfristig an der Situation hängen.

Suchen Sie etwas, was Ihnen Halt und Orientierung gibt.

Fliehen Sie nicht, auch, wenn es schwerfällt. Setzen Sie sich und harren Sie den Moment aus, indem Sie trotz der Situation objektive Gedanken finden, die Ihnen Halt geben und Sie gleichzeitig in der Gegenwart behalten. Wie bei der Expositionstherapie ist es wichtig, dass Sie lernen, den Blick auch in tatsächlichen Akutsituationen aus anderer Sicht auf Ihre Trigger und Stresssituationen zu richten und sich zu fragen: Ist mein Verhalten gerade wirklich sinnvoll?

Ernährung und körperliche Gesundheit

Wenn Ihre Emetophobie Sie förmlich in Ihrem Zuhause einsperrt, ist es wichtig, dass Sie Ihr körperliches Wohlbefinden nicht unter dem Druck Ihrer Angststörung vergessen. Vor allem bei der Überwindung Ihrer Erkrankung sind Sport und die richtige Ernährung die Grundbausteine, die es zu legen gilt, wenn Sie sich einen rundum gesunden Lebensstil aneignen möchten.

> ⓘ
>
> Auch, wenn Sie Ihre Emetophobie womöglich einzig auf Ihre psychischen Unstimmigkeiten übertragen, sollten Sie nicht vergessen, dass Psyche und physisches Befinden in unmittelbarer Wechselwirkung zueinander stehen.

Wenn Sie nur ungern nach draußen gehen, sollten Sie zuhause Fitness betreiben.

Vor allem zu Beginn Ihrer Heilungsreise sind Sie womöglich noch nicht in der Lage dazu, das Haus über einen längeren Zeitraum zu verlassen. Wer sich überanstrengt, übergibt sich gelegentlich, und in einem Fitnessstudio laufen Sie Gefahr, sich inmitten fremder Menschen, Gerüche und Körperflüssigkeiten angreifbar zu machen.

Deswegen sollten Sie bei Zweifeln in ein Fitnessstudio im Eigenheim investieren. Wie viel Geld Sie dafür in die Hand nehmen möchten, ist hierbei Ihnen überlassen. Von teuren Fitnessgeräten bis zu preiswerten Hanteln ist der Markt groß. Bereits eine Isomatte kann Ihnen mit praktischen Übungen helfen, Sport zu betreiben, ohne das Haus verlassen zu müssen. Die Auswahl ist schier endlos: Hampelmänner, Kniebeugen, Liegestütze ... Bauen Sie regelmäßige Workouts in Ihre Routine ein, um körperlich fit zu bleiben, Stress zu reduzieren und Körper wie Geist zu stärken.

Wenn das Essen zur Qual geworden ist, ziehen Sie einen Ernährungscoach in Betracht.

Sowohl online als auch persönlich können Sie sich an Fachpersonal aus den Ernährungswissenschaften richten. Je nachdem, wie sehr Sie Ihre Emetophobie in Ihrem Essverhalten einschränkt, kann dies auch wirklich notwendig sein!

Sie haben verschiedene gesunde Bewältigungsstrategien erlernt, die Ihnen schrittweise helfen, essbare Lebensmittel zu identifizieren und in Ihren Speiseplan aufzunehmen – doch wenn Sie einmal tief in der Angstspirale gesteckt haben, schließen Sie womöglich einige Lebensmittel kategorisch aus.

Gerade dann können ein Ernährungsberater und intensive Fortbildung und Betreuung hilfreich sein, die Sie zur gesunden und ausgewogenen Ernährung zurückführen. Alternativ kann Ihnen die Vielzahl käuflicher Ernährungsratgeber weiterhelfen. Wichtig ist, dass Sie sich eingestehen, eine ungesunde Ernährung zu pflegen, sollte dies der Fall sein. Möchten Sie Ihre Emetophobie überwinden, gilt es auch, Ihre Angst vor dem Essen zu überwinden – denn falsche Ernährung, Übelkeit und Erbrechen hängen oft miteinander zusammen.

Ob Übelkeit nach einer falschen Zubereitung oder aufgrund einer Unverträglichkeit ... viele Komponenten prägen Ihre Einstellung zum Essen unbewusst oder außerhalb Ihres Wissens. Wenn Sie nicht wissen, dass Sie ein altes Ei nicht roh essen sollten, dann werden Sie die Erfahrung beispielsweise mit höherer Wahrscheinlichkeit nicht auf das rohe Ei beziehen, sondern auf das Ei an sich. Bei einer unentdeckten Laktoseintoleranz werden Sie ferner eher eine Abneigung gegen gekühlte Waren entwickeln als mit dem Wissen, dass das Problem einzig am Laktosegehalt liegt.

Selbstfürsorge und Selbstakzeptanz

Gelegentlich bedeutet Heilung auch Rückschlag und Feststecken. An manchen Tagen scheint jede Mühe vergebens, Ihrer Emetophobie die Stirn zu bieten. Sie treten auf der Stelle und all die Dinge, die gestern noch zum Greifen nahe gewesen schienen, sind in unendlich weite Ferne gerückt. Vor allem dann dürfen Sie nicht vergessen, sich selbst zu lieben. Oft werden negative Gedanken und Rückschläge zu Selbsthass und Druck, dem Sie nicht standhalten können – dann ist leicht vergessen, dass Sie und Ihr Körper ein Team sein sollen und keine Feinde.

> Deswegen sind Selbstfürsorge und -akzeptanz so wichtig, nicht nur auf Ihrem Weg der Heilung, sondern im gesamten Alltag. Beides hilft Ihnen dabei, auf sich selbst Rücksicht zu nehmen und nicht zu vergessen, dass auch Sie nur ein Mensch sind.

Sie haben sich in diesem Ratgeber mit vielen Strategien auseinandergesetzt, um Ihr Denken positiv zu verändern und bestätigende Affirmationen zu entwickeln. Doch Selbstakzeptanz und -fürsorge bedeuten auch, die negativen Seiten zu erkennen und zu akzeptieren. Sie können nur mit Stärken und Schwächen existieren – und diese werden Ihnen gleichermaßen auf Ihrem Heilungsweg aus der Emetophobie begegnen.

Deswegen sollten Sie dringend lernen, sich selbst zu vergeben.

Denn schnell werden unrealistische Anforderungen an sich selbst zu Frust. Womöglich fühlen Sie sich während Ihres Heilungsprozesses dumm oder unfähig. Häufig werden Sie Gedanken kreuzen wie „Ich weiß, dass es mir nichts tut, warum kann ich nicht aufhören, mich zu fürchten?“ und noch häufiger werden Sie Ihr mangelndes Durchhaltevermögen deswegen beschuldigen.

> Stattdessen sollten Sie sich damit auseinandersetzen, weshalb Sie dieser Situation nicht gewachsen sind. Vergessen Sie nicht, dass Sie über einen langen Zeitraum mit Ihrer Angststörung gelebt haben und Ihr Körper ihr jede Irrationalität abgesprochen hat. Ihr Heilungswunsch ist für Ihr (Unter-) Bewusstsein, als würden Sie unbedingt in tosende Flammen laufen wollen. Ihr Körper versucht, Sie zu beschützen. Und das ist kein Grund, nachtragend zu sein. Eine psychische Erkrankung entsteht nicht durch Eigenverschulden – vergessen Sie das niemals!

Sehen Sie Ihre Schwächen als Chance.

Statt sich über den ausbleibenden Fortschritt zu ärgern, sollten Sie Ihr Unbehagen als Chance auf Besserung sehen. Sie wissen, zu was Sie nicht in der Lage sind. Setzen Sie dort an, um sich zu steigern, nicht, um sich zu verurteilen. Denn letztendlich können Sie sich nur dann bessern, wenn Sie wissen, dass etwas verbesserungswürdig ist.

Verfluchen Sie sich zum Beispiel innerlich, weil Sie es einfach nicht schaffen, von alten Essgewohnheiten abzulassen? Dann haben Sie bereits erkannt, welcher Auswirkung Ihrer Emetophobie Sie besondere Beachtung schenken müssen. Nehmen Sie den Ursprung Ihrer negativen Gedanken als Vorlage und betrachten Sie ihn gesondert. Ihnen wird auffallen, dass auch winzige Schritte in die richtige Richtung irgendwann zu großen Erfolgen führen.

Behandeln Sie Ihren Körper trotz Emetophobie wie ein wertvolles Gefäß.

Dass Sie mit Ihrem Körper den Schritt gehen können, der Emetophobie die Stirn zu bieten, beweist, dass er wie ein wertvolles Gefäß ist, welches nur das Beste für Sie will. Er eignet sich neue Verhaltensmuster an und legt alte Angewohnheiten ab, wenn Sie ihn richtig trainieren, und kann sich an jede Ihrer gewünschten Lebensrealitäten anpassen, wenn Sie ihm den richtigen Ansporn geben.

Deswegen sollten Sie Ihren Blick nicht nur auf Ihre Emetophobieerkrankung und Symptome richten, sondern vor allem auf das, was Ihr Körper während Ihrer ungesunden Lebenszeit geleistet hat und was er nun leisten wird, wenn Sie alle Gewohnheiten auf den Kopf stellen. Achten Sie darauf, Ihre körperlichen Bedürfnisse zu stillen, und gönnen Sie sich physische wie emotionale Entspannung, wenn Unruhe und Anspannung Ihren Tagesrhythmus stören.

Langfristige Nachsorge

Abschließend noch ein Wort zu der langfristigen Nachsorge:

„Der Mensch ist ein Gewohnheitstier."

Das bedeutet, dass Sie Ihre Angsterkrankung immer ablegen können. Gleichzeitig können Sie sie sich aber auch immer wieder erneut aneignen.

Verfallen Sie deswegen nicht in den Glauben, dass eine erfolgreiche Therapie Sie für immer von Ihren emetophoben Symptomen befreit. Stellen Sie sich einen trockenen Alkoholiker vor: Nur ein Schluck kann reichen, um ihn wieder in alle alten Verhaltensmuster zurückzustoßen. Ähnlich ist es bei Ihrer Angsterkrankung.

Deswegen sollten Sie Ihren Lebensstil langfristig ändern und sich auch nach der erfolgreichen Selbsttherapie nicht vollständig von Ihren Triggern entfernen. Halten Sie eine gesunde Lebensweise bei, achten Sie auf Ihr Essen und konfrontieren Sie sich gelegentlich mit Erbrochenem, um sich vor Augen zu führen, dass diese Phase Ihres Lebens vorbei ist. Reagieren Sie penibel auf Rückfälle und leiten Sie Maßnahmen ein, sobald Sie bemerken, dass Sie in Ihrem Verhalten zurückfallen. Dabei ist wichtig: Lassen Sie keine Ausnahmen zu.

Wenn Sie wirklich geheilt sind, gibt es keine Tage, an denen Sie doch lieber keinen Blick in die Tageszeitung riskieren, weil Sie eventuell mit Erbrechen konfrontiert werden können. Diese Ängste sind der erste Hinweis dafür, dass Sie einen Rückschritt erleben.

Natürlich ist dies vollkommen normal. Wichtig ist nur, dass Sie die Zeichen rechtzeitig bemerken und konsequent dagegen angehen.

Trotzdem sollten Sie sich vor Augen führen, dass Ihre Emetophobie eine chronische und vor allem eine selbstgesteuerte Angsterkrankung ist. Scheuen Sie sich deswegen nicht, gegebenenfalls therapeutische Hilfe aufzusuchen. Eine Therapie kann Ihnen neue Einblicke in Ihr Seelenleben bieten, die Ihnen selbst verwehrt bleiben, und an den Problemen in Ihrem Alltag und in Ihrer Lebensweise ansetzen, die Sie womöglich übersehen.

Das Workbook – In 7 Schritten von Emetophobie befreien

Dies ist Ihr persönliches Workbook, in dem Sie Ihren Heilungsweg, Ihre Ängste und weitere wichtige Aspekte bezüglich der Emetophobie dokumentieren können. Das Ziel ist es, anhand Ihres erstandenen Wissens einen individuellen Fahrplan aufzubauen. Auf diese Weise stellen Sie sicher, dass Sie aus eigener Kraft in der Lage dazu sind, Angstsymptome zu erkennen und effektiv zu bewältigen. Das schließt natürlich keine der besprochenen Tipps und Tricks aus!

Das Workbook fokussiert sich in erster Linie auf Aufgaben und einfache Beispielgliederungen, die leicht nachvollziehbar sind und von Ihnen angewendet werden können. Wie Sie Ihre persönlichen Erfahrungen letztendlich notieren und ob Sie sie illustrativ darstellen möchten, steht Ihnen selbstverständlich frei.

Tipp:
Legen Sie sich einen Ordner an, in dem Sie all Ihre Notizen abheften können. Alternativ eignet sich auch ein kleines Heft zur Dokumentation Ihres Fortschritts.

Meine Angst und ich

In diesem Kapitel sollen Sie für sich persönlich erschließen, wie Sie zu Ihrer Angst stehen, was Sie triggert und woher Ihre Angst kommt. Sie sollen ein Bewusstsein für Ihre Emetophobie entwickeln, um einschätzen zu können, inwiefern sie Ihr Leben beeinflusst.

- **Wie lange begleitet Sie Ihre Angst bereits?**

  - **Gehen Sie in sich:** Wie waren Ihre damaligen Lebensumstände und wie sind Ihre Lebensumstände heute? Wie hat sich Ihr Leben mit Ihrer Emetophobie verändert und wie eingeschränkt fühlen Sie sich heute im Gegensatz zu damals?

  - **Wie hat sich Ihre Angst weiterentwickelt?**
    Arbeiten Sie auch die Gefühle heraus, die Sie auf Ihrem Weg begleitet haben. Gab es spezifische Trigger, die Ihre Ängste langfristig verstärkten?

  - **Wann hat Ihre Emetophobie wirklich begonnen?**
    Schreiben Sie die Anzeichen heraus, die Sie damals nicht wahrgenommen haben. Gehen Sie während Ihres Heilungsprozesses achtsam durch das Leben und erinnern Sie sich an die kleinen Dinge, die Sie damals an Ihre Emetophobie heranführten.

- **Welche Trigger begegnen Ihnen im tagtäglichen Leben?**
  Auf einer Skala von 1 bis 10, wie sehr schränken Sie diese Ängste ein? Ziehen Sie die Liste als Hilfe zu Rate, wenn Sie sich intensiv mit der Expositionstherapie auseinandersetzen.

Das triggert mich:									
1	2	3	4	5	6	7	8	9	10

- **Unter welchen Lebensumständen verstärken sich Ihre emetophoben Gefühle?**
  Unter welchen Umständen sind sie weniger intensiv und gibt es womöglich Situationen, in denen Sie Ihre Angststörung gar nicht wahrnehmen?

verstärkte negative Gefühle	verringerte negative Gefühle	keine negativen Gefühle
•	•	•
•	•	•
•	•	•

- **Wie offen gehen Sie mit Ihren Ängsten um?**

Weiß Ihr Umfeld von Ihrer Emetophobie oder fressen sich Ihre Ängste förmlich in Sie hinein? Schreiben Sie alle Gedanken auf, die Ihnen eine Last auf der Seele sind, und betrachten Sie Ihre Phobie so von außen und aus neuen Perspektiven.

- **Was erhoffen Sie sich persönlich von einer Heilung Ihrer Emetophobie?**

Erstellen Sie eine Mindmap, in der Sie alle Ziele für Ihre Zukunft sammeln. Das können Ziele hinsichtlich Ihres Heilungsprozesses sein, aber auch Ziele, die darüber hinausgehen. Was möchten Sie tun, wenn Sie von Ihrer Angsterkrankung geheilt sind?

- **Denken Sie an all Ihre Erfahrungen ... welche ausschlaggebende Situation könnte den Grundstein für Ihre Angstgefühle gelegt haben?**

Existiert diese Situation bzw. existieren deren Folgen noch immer in Ihrem Leben? Gab es zum Beispiel eine Auseinandersetzung in Ihrer Familie, die Sie damals in Ihrer Angst geprägt hat? Unter anderem können bereits kleinste Streitgespräche bezüglich Ihres Essverhaltens oder des Ekelempfindens bei Übelkeit ausreichen, um Sie langfristig zu beeinflussen und zu beschäftigen.

Erstellen Sie sich einen konkreten Plan, wie Sie alte Konflikte lösen und sich von der Vergangenheit befreien möchten. Falls Ihnen auf Anhieb keine Lösung einfallen sollte, ist das nicht schlimm. Gerne können Sie auch etwas kleinschrittiger vorgehen und sich allmählich einer Lösung annähern.

Das belastet mich	So möchte ich es lösen

Der Steuerer der eigenen Gedankenwelt werden

Wenn Sie Ihre Angst das nächste Mal in der Hand hat, lernen Sie, „Stopp" zu sagen. Mit der Emetophobie fühlen Sie sich vermutlich oft wie ein Sklave eigener Gedanken. Das soll jetzt ein Ende haben. Wer seine eigenen Gedanken steuern möchte, muss oft schnell und ungeplant handeln. Deswegen sind einige dieser Übungen für unterwegs geeignet, um Ihr Gedankenkarussell in die richtige Richtung zu lenken.

• Wenn Sie das nächste Mal in Panik geraten, sagen Sie „Stopp!".
Ob in Ihrem Kopf oder laut, unterbinden Sie das Chaos, das in Ihnen hochkommt – und das am besten bereits, wenn Sie erste Anzeichen bemerken.

Diese Gegenwehr muss man üben. Vor allem am Anfang kann es sein, dass Sie nicht die gewünschten Effekte erzielen. Sobald Sie aber die richtige Strategie entwickelt haben, können Sie negative Emotionen auf diese Weise abbrechen.

• Üben Sie Achtsamkeit und gehen Sie aufmerksam durch das Leben, um Ihrer Angst keine Chance zu bieten. Analysieren Sie Ängste objektiv und unterbinden Sie die Emotionen, die Sie mit ihnen verbinden.

○ Notieren Sie außerdem, in welchen Situationen Ihnen die Achtsamkeit noch schwerfällt, damit Sie besonderen Fokus auf diese Situationen lenken können. Auf diese Weise verfolgen Sie Ihre Steigerungen mit und erkennen aktiv die Fortschritte, die Sie dabei machen, die Welt mit anderen Augen zu sehen.

Resilienz und Mindset

Mit der Toolbox zur Überwindung der Emetophobie haben Sie gelernt, wie wichtig die eigenen Gedanken sind. Wenden Sie dieses Wissen nun aktiv an, um negative Gedanken in positive umzuwandeln.

• **Erkennen Sie negative Gedanken.**
Notieren Sie explizite, endgültige Gedankengänge, die Ihnen im Verlauf des Tages kommen, und seien Sie dabei streng mit sich. Gibt es bestimmte Auffassungen, die für Sie selbstverständlich und absolut geworden sind? Auch diese sollten Sie in Worte fassen, um sich im Folgenden intensiver mit Ihnen auseinanderzusetzen. Ihre Angst prägt Ihren Lebensstil vermutlich tiefer, als Sie sich selbst eingestehen können.

• **Während Sie im vorherigen Kapitel die Theorie erlernt haben, geht es nun daran, das Erlernte praktisch umzusetzen und das Gute im Schlechten zu finden.**
Gehen Sie dabei wie folgt vor:

○ **Betrachten Sie Ihren negativen Gedanken nach dem ABC-Modell nach Ellis:**
Was ist (vermutlich) der Auslöser dieses Gedankens/Gefühls?
Wie lautet Ihr Gedanke? Wie steht er mit dem Auslöser im Zusammenhang?
Welche Konsequenz ziehen Sie daraus?

○ **Führen Sie Ihre Gliederung weiter und teilen Sie sie immer kleinschrittiger auf.**
Was ist das Schlimmste, was passieren kann, wenn Ihre Angst / Ihr Gedanke sich bewahrheitet?
Was ist das Beste, was passieren kann, wenn er/sie sich nicht bewahrheitet?
Ist diese Angst objektiv berechtigt? Ja oder Nein?

○ **Wenn Sie zu dem Entschluss gekommen sind, dass Ihre Angst objektiv betrachtet nicht berechtigt ist, versuchen Sie, Ihr Denken positiv umzuwandeln.**
Konzentrieren Sie sich dabei auf das bestmögliche Szenario aus dem vorherigen Schritt und bauen Sie die wohltuende Erfahrung aus, um sich all die positiven Aspekte des Risikos vor Augen zu führen.

Hier finden Sie eine grobe Grundgliederung für Ihre Mindmap: Achten Sie darauf, den negativen Gedanken in den Fokus zu rücken und die Konsequenzen herauszuarbeiten. Diese Abbildung verbildlicht das ABC-Modell – und auf dieser Basis können Sie die Aufgaben b) & c) hinzufügen, indem Sie beliebig viele Unterpunkte anbauen und so nach und nach ein Mindmap-Gitter erstellen. So dokumentieren Sie Ihren Trigger in Form aller positiven wie negativen Möglichkeiten und lernen, ihm objektiv zu begegnen.

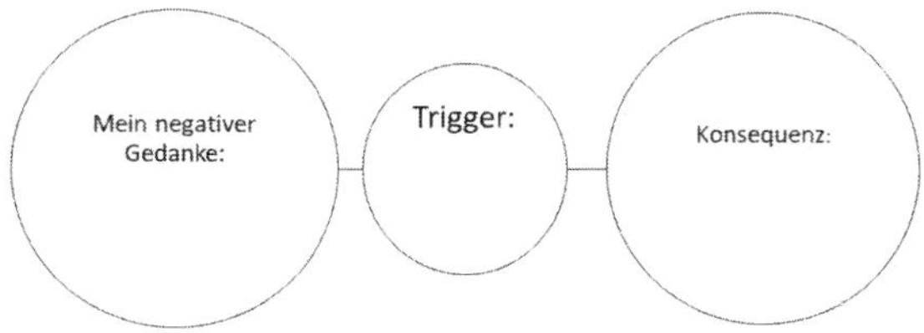

• **Verwenden Sie positive Affirmationen und positiven Zuspruch sowohl im Alltag als auch to go in akuten Stresssituationen.**
Wandeln Sie negative Befürchtungen in positive um (vergessen Sie dabei nicht: keine Verneinungen, sondern konkrete, ausformulierte Vorsätze!). Um passende Affirmationen zu finden, kann es helfen, zunächst Ihre grundlegenden Sorgen zu sammeln und in der Gegenüberstellung positiv umzuwandeln.

Sorge	Positive Gegenüberstellung
„Wenn ich zu meiner Vorlesung gehe, wird mir ganz bestimmt im stickigen Hörsaal schlecht. Ich kann das nicht."	„Ich kann zur Vorlesung gehen. Der Saal liegt direkt am Innenhof und verfügt über Fenster. Bei stickiger Luft lüfte ich durch."

- **Führen Sie ein Gedankentagebuch.**

In diesem notieren Sie alle ausschlaggebenden negativen Gedanken, die Sie im Verlauf des Tages erlebt haben und nicht direkt bzw. leicht umformen konnten. Nehmen Sie sich abends etwa eine Stunde Zeit, um strukturiert zu reflektieren. Auf diese Weise evaluieren Sie auch jene negativen Emotionen und Reaktionen, die andernfalls in Vergessenheit geraten wären.

- **Widmen Sie sich regelmäßig der Psychohypnose, indem Sie tägliche Visualisierungsübungen in Ihren Alltag einbauen.**

Das können einfache verbildlichende Vorstellungen in Ihrem Kopf sein, die nicht zwangsläufig mit Ihrer Emetophobie oder der Thematik zusammenhängen (beispielsweise der Supermarkt, den Sie mit dem Auto noch nicht erreicht haben). Schulen Sie Ihre Visualisierungsfähigkeiten, um Sie anschließend während Ihrer Selbsthypnose anzuwenden.

○ **Schlagen Sie blind ein Wörterbuch auf und wählen Sie zufällige Begriffe, die Sie zu visualisieren üben.**

Auf diese Weise verbessern Sie Ihre Fähigkeiten langfristig und effektiv. Wechseln Sie die Begriffe erst, wenn die Visualisierung detailliert geklappt hat und Sie frei darauf zugreifen können.

○ **Visualisieren Sie, bevor Sie einen neuen Ort betreten.**

Beängstigt Sie der Gedanke, in die Innenstadt zu gehen, weil Sie dort potentiell überall mit dem Erbrechen konfrontiert werden könnten? Dann kann es helfen, sich die Stadt vorzustellen, bevor Sie sie betreten. Auf diese Weise schulen Sie nicht nur Ihre Visualisierungsfähigkeiten, sondern bereiten sich gleichzeitig auf eine potentiell stressige Situation vor. So sind Sie in der Lage dazu, erste Berührungspunkte mit Ihrer Stresssituation zu schaffen.

Achten Sie dabei aber unbedingt darauf, dass die Vorstellung Sie nicht zusätzlich triggert und in Panik verfallen lässt.

Das SOS-Erste-Hilfe-Kit

Auf dem Weg in ein angstfreies Leben wird nicht immer alles glattgehen. Das ist völlig normal und sollte Sie nicht verunsichern. Wichtig ist nur, dass Sie in diesem Fall bewusst mit Ihren Ängsten umgehen können und für sich einen sicheren Weg aus der Panik finden. Das SOS-Erste-Hilfe-Kit soll Ihnen hierfür genug Platz schaffen. Ob in Form eines Büchleins für unterwegs oder zuhause; die Erste-Hilfe-Maßnahmen sollten Sie sich gut verinnerlichen und einprägen, um im Ernstfall bestimmt auf sie zugreifen zu können. Sie liefern Ihnen Unterstützung in den folgenden Bereichen:

- Wie können Sie in einer akuten Angstsituation schnell reagieren?
- Was tun Sie bei einer aufkommenden Panikattacke?
- Und wie leisten Sie effektive Nachsorge?

Mit dem Wissen, wie Angst funktioniert und wie sie durch falsches Verhalten gestärkt wird, können Sie nun eigene Maßnahmen finden, die Ihnen im Ernstfall helfen – denn wie jede Angst individuell ist, ist es auch jeder Betroffene.

Stellen Sie sich zunächst folgende Fragen:

Wie kann ich eine Angstsituation am besten aushalten, ohne sie zu verlassen?

Hilft vielleicht ein Anruf oder eine sachliche Konversation über die Thematik? Oder müssen Sie sich einen Moment setzen, um die Situation zu entschleunigen und schrittweise zu verarbeiten? Es bewährt sich, verschiedene Strategien auszuprobieren, um seinen persönlichen Weg aus der Angst zu finden.

Wie äußert sich eine drohende Panikattacke normalerweise?

Ist es ein mulmiges Gefühl im Bauch, Schnappatmung, Übelkeit oder Schwindel? Je öfter Sie bereits mit Panikattacken konfrontiert wurden, desto sicherer werden Sie erkennen, wann sich ein neuer Schub anbahnt.

Wie kann ich mit den körperlichen Symptomen umgehen und diese ggf. regulieren?

Was hilft Ihnen am meisten in körperlichen und psychischen Extremsituationen? Ist es das Durchatmen? Oder müssen Sie sich die Beine vertreten, um sich zu entspannen? Was macht es hingegen nur noch schlimmer? Führen Sie eine Liste mit pro und kontra und verschriftlichen Sie Tipps zur persönlichen Ersten Hilfe.

Wie kann ich für mich nachsorgen?

Haben Sie auch im Angesicht einer Panikattacke gesunde Bewältigungsstrategien einsetzen können? Dann herzlichen Glückwunsch! Dennoch ist eine Panikattacke eine extreme psychische Belastung, die auch noch nach dem direkten Moment der Panik starke Auswirkungen auf Ihr Wohlergehen hat. Zunächst einmal sollten Sie sich also auf die Schulter klopfen und durchatmen – der Moment ist jetzt vorbei. Tun Sie sich etwas Gutes!

Kaufen Sie Ihre Lieblingssüßigkeiten oder schauen Sie eine Serie daheim. Alternativ können Sie sich noch einmal intensiv in die Situation zurückversetzen und evaluieren: „Wie genau habe ich die Situation gemeistert? Was habe ich gelernt?"

Hat es noch nicht so gut geklappt und Sie sind in alte Verhaltensmuster zurückgefallen?

Besonders zu Beginn Ihrer Reise wird das häufig passieren, doch auch auf der Zielgeraden der Heilung kann es vorkommen, dass Sie eine Situation völlig überwältigt und Sie fluchtartig die Szenerie verlassen und sich abschotten. Seien Sie nicht zu streng zu sich. Das ist ganz normal – schließlich sind Menschen keine Maschinen! Konzentrieren Sie sich stattdessen hierauf, anstatt sich Selbstvorwürfe zu machen:

- Wie kann ich es das nächste Mal besser machen?
- Muss ich meine Strategien ggf. überarbeiten?
- Was hat mich so sehr aus der Bahn geworfen?
- etc.

(**Hinweis:** Die Fragen können an Ihre Situation individuell angepasst werden.)

„Ich stelle mich meiner Angst"

Immer wieder fiel der Begriff Expositionstherapie und wie wichtig es ist, dass Sie sich Ihren Ängsten stellen. Expositionstherapie funktioniert nicht ohne intensive Vorbereitung – und diese sollen Sie jetzt in die Tat umsetzen.

- **Erstellen Sie eine persönliche Angsthierarchie.**

Unter dem Schritt „Meine Angst und ich" haben Sie bereits erste Symptome und Beschwerden herausgearbeitet, die Ihnen bei diesem Schritt helfen können. Darüber hinaus hilft es, frei all Ihre Ängste niederzuschreiben und sie dann mit einem Punktesystem zu sortieren. Wählen Sie anschließend jene Trigger aus, denen Sie sich zunächst widmen möchten. Wichtig ist, dass Sie sich in Ihrer Hierarchie steigern.

Ein Beispiel:

Noch haltbare Lebensmittel, die bereits 2-3 Tage offen sind, essen	Angst: 21 von 100 Punkten
Restaurantbesuch (mir bekanntes Lokal)	Angst: 36 von 100 Punkten
Restaurantbesuch (mir unbekanntes Lokal)	Angst: 52 von 100 Punkten
Spaziergang an gut besuchten Orten	Angst: 58 von 100 Punkten
Mit meiner kleinen Nichte, der oft übel ist, spielen	Angst: 74 von 100 Punkten
etc.	etc.

- **Planen Sie die Exposition.**

Vor allem zu Anfang kann es helfen, wenn Sie sich selbst den genauen Ablauf und das genaue Umfeld aussuchen, in dem die Situation stattfinden soll. Zunächst simulieren Sie die Konfrontation mit Ihren Ängsten, um Sie anschließend in der Realität umzusetzen. Helfen Sie sich auf diese Weise, die Exposition zu erleichtern, nachdem Sie Ihre Trigger über lange Zeit gemieden haben.

○ Ziehen Sie Helfer zu Rate, mit denen Sie die Konfrontation durchführen möchten. Das kann Ihnen Sicherheit in einer verletzlichen Situation bieten.

Fragen Sie beispielsweise Ihren besten Freund, ob er mit Ihnen den zweiten Punkt auf der Liste abhaken und mit Ihnen in Ihr altes Stammlokal gehen möchte.

○ Planen Sie zusätzlich explizit mit Daten und Orten, an die Sie sich halten – ähnlich einer Checkliste. Auf diese Weise können Sie sich selbst absichern und vor Augen führen, dass Sie sich in einer künstlichen Situation befinden. Vereinbaren Sie ein Treffen und eine Uhrzeit und halten Sie sich konsequent daran. Am besten lassen Sie sich von Ihrem Freund abholen, damit Sie der Konfrontation nicht aus dem Weg gehen können.

Wenn Sie an Ihrem Stammlokal angekommen sind, lassen Sie sich am besten Zeit und gehen in Ruhe mit der neuen Situation um.

Womöglich werden die Reize und Trigger Sie überfordern und das Bedürfnis zur Flucht in Ihnen auslösen. Besonders jetzt ist es deswegen wichtig, das genaue Gegenteil dessen zu tun, was Ihr Körper Ihnen aus einer Angstreaktion heraus anrät: Setzen Sie sich, lassen Sie sich die Speisekarte bringen und machen Sie eine Bestellung. Bereits ein mit Ruhe angetrunkenes Getränk können Sie als erfolgreiche Bewältigung betrachten.

- **Führen Sie alle Punkte Ihrer Angsthierarchie durch.**
Seien Sie sich bewusst, dass Sie jeden Punkt in Ihrer Angsthierarchie durchführen sollten, um Ihre Angstgefühle nicht zusätzlich zu verstärken. Andernfalls lernt Ihr Körper, dass Ihre Angst berechtigt und bedrohlich ist, und wird sich umso mehr darauf versteifen. Sie müssen jedoch nicht alle Punkte auf einmal abarbeiten. Tasten Sie sich langsam heran.

- **Wiederholen Sie die Expositionsübungen regelmäßig!**
Nur, wenn Sie Ihrem Körper immer wieder zeigen, dass Sie sich in keiner Gefahrensituation befinden, wird er Ihnen glauben und nicht in alte Verhaltensmuster zurückfallen.

- **Lernen Sie, dem Trigger mit Ruhe und Gelassenheit gegenüberzutreten.**
Ziel der Expositionstherapie ist es, Objektivität in Ihr Angstgefühl einzubringen. Dafür sollten Sie lernen, nicht mit Angst in die Situation zu treten. Führen Sie die Expositionstherapie beispielsweise nach dem Meditieren aus oder wenn Sie entspannt sind, um eine Grundanspannung zu vermeiden. Lernen Sie außerdem, Ihre Trigger nicht als Trigger zu betrachten, sondern als Umstand, der Ihnen jetzt, in diesem Moment, begegnet und vorübergehen wird.

○ **Da Sie wissen, welcher Schritt als Nächstes in der Angsthierarchie abgearbeitet werden soll, hilft es, sich vorher intensiv mit der Thematik auseinanderzusetzen.**
Wenn Sie sich ein Bild von Erbrochenem ansehen möchten, hilft es beispielsweise, sich vor der eigentlichen Exposition mit schwächeren Triggern zu konfrontieren. Was kann Sie auf diesem Bild erwarten? Wie sieht Erbrochenes aus? In Ihrem Kopf können Sie objektiv erste Berührungspunkte mit dem folgenden Trigger schaffen.

Soziale Unterstützung

Das soziale Umfeld spielt eine wesentliche Rolle bei der Emetophobiebewältigung. Deswegen ist es wichtig, dass Sie Ihre sozialen Kontakte bewusst aussortieren und positive Menschen in Ihr Umfeld einbeziehen. Doch woher wissen Sie, ob Sie den Kontakt zu einer Person halten sollten oder nicht?

- **Betrachten Sie Ihr nahes Umfeld und fragen Sie sich: Tun mir diese Personen gut?**
Seien Sie dabei ehrlich zu sich selbst. Ein Streit ist kein Grund dafür, jemanden als schlechten Sozialkontakt zu bezeichnen. Witzelt diese Person allerdings abermals über Ihre Angsterkrankung oder lässt sie Sie bewusst dauerhaft unwohl fühlen, könnte dies ein erster Hinweis darauf sein, dass Sie diesen Kontakt einschränken oder abbrechen sollten.

○ Arbeiten Sie mit Mindmaps und schreiben Sie alle Emotionen auf, die Sie mit dieser Person verbinden. Ferner können Sie auch alle Charaktereigenschaften hinzufügen, die Sie ihr zuschreiben, sowie alle Streitereien, aber auch positive Erinnerungen. Auf dieser Basis können Sie entscheiden, ob Ihnen der Kontakt grundsätzlich guttut. Wenn Sie bemerken sollten, dass jemand Sie durchgehend aufgrund Ihrer Erkrankung neckt oder gar persönlich angreift, sollten Sie diese Person eher nicht in Ihr soziales Umfeld einbeziehen.

○ Fühlen Sie sich ernst genommen? Emetophobie ist eine grundsätzlich wenig anerkannte Angststörung. Werden Sie oft in Ihren Verhaltensweisen bedrängt oder auf sie herabreduziert? Stellt man Sie gelegentlich an den Pranger? Womöglich glauben Sie, dass dies eine angemessene Behandlung ist und Sie es aufgrund Ihrer irrationalen Angst sogar verdient haben – doch das haben Sie nicht. Auch, wenn Ihre Grenzen für andere aus der Luft gegriffen scheinen, sind dies doch Ihre Grenzen.

Wichtig:
Mobbing ist niemals in Ordnung und hat nichts mit Ihnen zu tun!

Einige Psychotherapeuten, insbesondere aus dem Bereich der kognitiven Verhaltenstherapie (KVT), legen den Fokus hauptsächlich auf das Verhalten des Patienten und weniger auf äußere Einflüsse (wie z. B. Arbeitskollegen oder Familienmitglieder). Diese Form der Therapie zielt darauf ab, negative Denkmuster und Verhaltensweisen zu ändern, um psychische Probleme zu bewältigen. In vielerlei Hinsicht ist die Methode sehr effektiv (u. a. auch bei Angsterkrankungen). Sie sollten diese Therapiemethode trotz der folgenden Bemerkung also nicht partout ablehnen. Dennoch sollten Sie sich diesem Aspekt zumindest bewusst sein.

Kritiker dieser Methode betonen zu Recht, dass auch soziale und umweltbedingte Faktoren berücksichtigt werden müssen. Dazu zählt u. a. Mobbing durch andere Personen, die sich beispielsweise bewusst über Ihre Emetophobie lustig machen.

Als betroffene Person müssen Sie Mobbing jedoch nicht tolerieren! Es ist in Ordnung, den negativen Einfluss von Menschen bewusst anzuerkennen. Man darf sich von solchen Personen distanzieren. Wenn jemand kein Verständnis für mentale Erkrankungen hat, müssen nicht allein Sie Ihr Verhalten ändern, um das Mobbing zu stoppen. Mobbing entsteht, weil eine Person sich aktiv dazu entschieden hat, Sie zu mobben. Es handelt sich nicht um eine angeblich rationale Antwort auf Ihr Verhalten. Sie sind nicht daran schuld, wenn sich jemand Ihnen gegenüber emotional missbräuchlich verhält!

- **Recherchieren Sie Telefonnummern und Adressdaten von Hilfsinstitutionen.**
Auf diese Weise haben Sie immer eine Notfall- und Go-to-Übersicht. Die ist vor allem hilfreich, wenn Sie bspw. beschließen, bei einer Selbsthilfegruppe oder einer Veranstaltung vorbeizuschauen, Ihnen aber die Kraft fehlt, zu recherchieren. Wenn Sie direkt auf eine Information zugreifen können, ist die Wahrscheinlichkeit höher, dass Sie sich dazu überwinden, als wenn Sie erst umfassende Recherche betreiben müssen.

○ **Hier können Sie thematisch sortieren.**
Was ist Selbsthilfe, was ist Institution, was ist vielleicht ein Supermarkt mit den Produkten Ihrer Wahl? Schreiben Sie alle Adressen heraus, die Ihnen bei Ihrer Genesung behilflich sein können. Wenn Sie eine Struktur einbringen, sind die Möglichkeiten hier endlos.

Institution:	Telefonnummer:	Adresse:

○ **Wenn Sie auf einen Stadtplan zugreifen können, können Sie direkte Markierungen vornehmen.**
Was zunächst übertrieben klingt, hilft Ihrem Gehirn im Ernstfall dabei, sich zu erinnern. Wenn Sie das nächste Mal in der Stadt in einer Angstsituation sind, können Sie sich in Erinnerung rufen: Ganz in der Nähe ist ein Ort, der mir Sicherheit schenkt. Das besänftigt auch Ihre innere Aufgewühltheit.

Die Angst im Alltag

Die Angst im Alltag ist eine Challenge. Und genau hierum soll es gehen. Stellen Sie sich im Alltag jeden Tag kleinen Herausforderungen, die Sie antreten, und belohnen Sie sich anschließend. Das kann ein heißes Bad oder ein neues Buch sein, welches Sie schon immer einmal lesen wollten. Wichtig ist nur: Bringen Sie sich bei, dass die alltäglichen Hürden nicht unbezwingbar sind!

Gern können Sie auch ein Challengetagebuch führen. Ähnlich wie in einem regulären Tagebuch können Sie darin festhalten, welche Hürden Sie schon erfolgreich überwunden haben! Anschließend folgen einige tägliche Herausforderungen, derer Sie sich annehmen können. Natürlich können Sie die Liste nach Herzenslust ergänzen!

Stressmanagement:

- Fahren Sie mit dem Bus zum nächsten Supermarkt.
- Machen Sie einen Ausflug in die Stadt.
- Laden Sie Ihre Freunde auf einen Kaffee und ein Stück Kuchen ein. Suchen Sie sich aus, ob bei sich zuhause oder in einem Lokal.
- Führen und strukturieren Sie eine Woche lang eine To-do-Liste.
- Führen und strukturieren Sie einen Monat lang eine To-do-Liste.
- Führen Sie zwei Wochen lang jeden Tag dreimal bewusste Atemübungen durch.
- Probieren Sie ein neues Rezept aus!

Gesunde Bewältigungsmechanismen:

- Meditieren Sie eine Woche täglich für mindestens eine halbe Stunde.
- Joggen Sie einmal um Ihren Häuserblock.
- Beschreiben Sie eine Ihrer Ängste rein objektiv.
- Wenn Sie sich das nächste Mal in einer Stresssituation befinden, atmen Sie lange durch und versuchen, die Ruhe zu bewahren, ohne die Situation zu verlassen.
- Gehen Sie einen Tag vollkommen achtsam durchs Leben!

Selbstfürsorge & Selbstakzeptanz:

- Schreiben Sie drei Dinge auf, die Sie auf Ihrem Weg in ein angstfreies Leben an sich selbst bemängeln. Formen Sie diese negativen Gedanken in positive um.
- Nehmen Sie sich jede Woche mindestens einmal bewusst eine Auszeit von allem und tun Sie, was Ihnen guttut.
- Schreiben Sie zehn positive Affirmationen auf und „verstecken“ Sie sie an verschiedenen Orten, an denen Sie sie im Ernstfall brauchen. Das kann das Portemonnaie oder der Kühlschrank sein – erinnern Sie sich selbst daran, dass Sie auf dem richtigen Weg sind und gut in dem sind, was Sie tun.

Langzeitchallenge:
Führen Sie ein Emetophobietagebuch! Notieren Sie hier Ihre Fortschritte und dokumentieren Sie Ihren Weg aus der Angst.

Lesen Sie in Ihrem Emetophobietagebuch und schauen Sie sich an, was sie bereits erreicht haben!

Langfristige Nachsorge:

- Konfrontieren Sie sich auch nach der vermeintlichen Heilung immer wieder mit Ihren Triggern.
- Führen Sie eine Liste, auf welcher Sie alle Situationen niederschreiben, die Sie verunsichern. Bröseln Sie Ihre Unsicherheiten auf und analysieren Sie sie, um in Zukunft gewissenhafter mit Ihren verbliebenen Unsicherheiten umzugehen.
- Bewahren Sie Ihre Notizen oder Ihren „Erste-Hilfe-Koffer“ auch für zukünftige Stresssituationen stets auf.

Welche Challenge stellen Sie sich selbst?

- ______________________________
- ______________________________
- ______________________________

Selbsthilfe im Kampf gegen das Erbrechen

In diesem Ratgeber haben Sie sich intensiv mit den Hintergründen und den Funktionsweisen Ihrer Angst auseinandergesetzt.

Nun können Sie für sich beantworten, wie Sie in Zukunft mit den Triggern Ihrer Emetophobie umgehen möchten und in ein gesundes, angst- und stressfreies Leben zurückfinden.

Sich selbst bei einer Angststörung zu therapieren, ist ein großer Schritt, der Ihnen viel Geduld und Mut abverlangt. Mitunter erfordert die Selbsttherapie von Ihnen, Ihr gesamtes Leben zu entwurzeln und neu zu strukturieren. Sie stellen sich Ihrem größten Feind gegenüber und sagen ihm den Kampf an – und das für eine freie, unabhängige Zukunft. Sie wissen nun, dass Ihre Angst vor dem Erbrechen in Formen erscheinen kann, die Sie womöglich nicht erwartet haben: Ihr Geist verurteilt nicht nur Ihre Trigger, sondern auch Ihr Sozial- und Essverhalten sowie die Kleinigkeiten, die sich in Ihrem Alltag finden lassen.

Wenn Ihre Emetophobie Sie so sehr in Gefangenschaft hält, dass Sie dieses Werk studiert haben, wissen Sie, wie sehr Ihre Krankheit Sie in Ihrem Leben beschränkt. Wann immer Ihnen der Mut auf Ihrer Reise zur Heilung fehlt, erinnern Sie sich bitte daran, weshalb Sie diesen Weg eingeschlagen haben.

Viel Erfolg! Genießen Sie das Leben, welches vor Ihnen liegt, in vollen Zügen und lassen Sie sich nicht von Ihrer Angststörung in all den Dingen beschneiden, die Sie lieben.

Quellenverzeichnis

• Veale, D., & Willson, R. (2010). Overcoming Health Anxiety: A Self-help Guide using Cognitive Behavioral Techniques. Constable & Robinson.

• Antony, M. M., & McCabe, R. E. (2004). 10 Simple Solutions to Panic: How to Overcome Panic Attacks, Calm Physical Symptoms, and Reclaim Your Life. New Harbinger Publications.

• Barlow, D. H. (2002). Anxiety and Its Disorders: The Nature and Treatment of Anxiety and Panic. Guilford Press.

• Margraf, J., & Schneider, S. (Hrsg.). (2009). Praxis der Verhaltenstherapie bei Kindern und Jugendlichen: Band 1: Diagnostik und Behandlung psychischer Störungen. Springer.

• Wolf, D. (2016). Ängste verstehen und überwinden: Wie Sie sich von Angst, Panik und Phobien befreien. PAL Verlag.

• Riemann, F. (1961). Mut zur Angst: Wie wir Ängste verstehen und verändern können. Reinhardt.

• Wittchen, H.-U., & Hoyer, J. (Hrsg.). (2011). Angststörungen: Ein Lehrbuch. Springer.